人生不是非得令人稱羨才叫幸福

葉威壯 著

聰明心 08

人生不是非得令人稱羨才叫幸福

作　　者　葉威壯
出 版 者　大拓文化事業有限公司
執行編輯　林秀如
封面設計　林鈺恆
內文排版　姚恩涵

總 經 銷　永續圖書有限公司
劃撥帳號　18669219
地　　址　22103 新北市汐止區大同路三段一九十四號九樓之一
TEL（〇二）八六四七—三六六三
FAX（〇二）八六四七—三六六〇
E-mail　yungjiuh@ms45.hinet.net
網　　址　www.foreverbooks.com.tw

CVS代理　美璟文化有限公司
TEL（〇二）二七二三—九九六八
FAX（〇二）二七二三—九六六八

法律顧問　方圓法律事務所　涂成樞律師

出 版 日◇二〇一九年五月

國家圖書館出版品預行編目資料

人生不是非得令人稱羨才叫幸福 / 葉威壯著.
-- 初版. -- 新北市 : 大拓文化, 民108.05
面 ;　公分. -- (聰明心 ; 7)
ISBN 978-986-411-094-0(平裝)
1.修身 2.生活指導
192.1　　108003114

前言

朋友們，您是否曾經有過這樣的心情，真的已經很努力了，該做的都做了，得到的卻是不如預期的結果……

是否曾經，投入了多年的真心，最後得到的卻是無言的結局……

是否，總是糾結在親情之間、朋友之間或是同事之間，覺得既無奈又無力……

是否，在長期忽略的情況下，才驚覺自己的健康已經亮起了紅燈？

我們當然歡喜迎接著心想事成，總是不希望事與願違降臨，但不管怎麼避怎麼算怎麼求，似乎事與願違好像還是比心想事成要多得多！

當我們回首前塵，您還記得自己在年輕時候的渴望嗎？所立下的

志願嗎？而如今做到多少呢？有多少是再拼拼看還有希望的，有多少是努力過但已經是希望渺茫的呢？又有多少是現在根本就覺得無足輕重呢？

年少的時候，我們總是堅信，努力就能成功，如果還沒成功，就是我們不夠努力。但隨著歲月經歷更多後，我們不得不承認：努力就能得到成功的人，是何等的幸運啊，而且不見得人人都能擁有這樣的幸運！

的確，在年輕有衝勁的人生上半場，每個人努力的求「得」，因為求得給了我們一個努力向前的動力，得到的越多，我們就越有成就感，因為從無到有，是一件很令人興奮的事……

但我們很可能不自覺地陷入了無止境的比較裡：名片上的頭銜、公司裡的職稱、存款上的數字、另一半夠不夠稱頭、孩子是不是夠優秀、身上的行頭是不是名牌等等……贏了一點就暗自竊喜，輸了就覺得沮喪，所有的自信都來自於別人的肯定，似乎贏過別人，接受眾人

前言

的恭賀與掌聲，就是對自己人生的最好肯定。可是，跟隨而來的卻是汲汲營營、患得患失與惶惶不安……

好累，這樣真的好累，於是許多人漸漸地覺醒了，了解到這樣的自信只是短暫的，受制於處境的，令人疲憊的。

原來，真正的自信只有自己能給！如果你真的有自信，就不必找到機會就炫耀自己身上的行頭，或是羨慕別人身上的行頭，而是找到一條只屬於自己的道路，就在自己的路上，盡力去做，但不強求結果，並樂在其中！

終於，我們慢慢懂了，人生並不是非得令人稱羨才叫幸福，一定要擁有什麼傲人成就才能快樂。只要你曾經在能力所及下盡心盡力過，其餘的就該順其自然！

也唯有這樣，我們的心才能翱翔天際，自在飛揚……

Part1 人生並不是一定要處於巔峰才能快樂，非得令人稱羨才叫幸福！

Part2 不強求，就是最強大的自信

Part3 時間永遠是最清醒公正的裁判

Part4

不強求，就是學會放開那些人生裡無法掌握的事

Part5 是你的就是你的，不是你的再怎麼強求只是折磨而已

PART 1

人生並不是一定要

處於巔峰才能快樂，非得令人稱羨才叫幸福

01 平常心，是最高境界的心靈修煉

人生的幸福並不在於汲汲營營的竭力爭取，而是在平和安靜的時候，反而就會悄然而至！

活到今天，我一直覺得「平常心」這三個字是人生當中非常難達到的一個境界，雖然我們時常會掛在嘴邊，但要做到真的不容易！

記得小時候面對沉重的聯考壓力時，父母老師最常安慰我們的話，就是要我們保持一顆平常心，不要患得患失，不然很容易因為太過緊張而在考試當天胃痛或是身體不適而表現失常！

有趣的是，有的人就是那種神經線非常大條的，隨時隨地都能立刻入睡還能打呼，不論什麼處境都可以大口的吃飯，我覺得這種人是

Part 1

人生並不是一定要處於巔峰才能快樂，非得令人稱羨才叫幸福！

何等的幸福啊……

不過如果您是像我一樣，天生就是那種容易緊張的人，那麼平常心的修煉就是我們來到這個世界上必須面對的重要課題！回想第一次要上台講話的時候，光是看到台下有那麼多雙眼睛看著你就已經不知所措了，所以緊張到根本不知所云……而當時老師要我們練習就把下面的人當作不存在吧！把台下的同學們當空氣，不要把眼睛掃向他們，就講你自己的，只要專注在自己要講什麼上面就好了。結果，這個方法真的很有效。

後來上了大學，學校裡時常有各式各樣的演講，於是我發現到，很多演講者喜歡與台下的聽眾互動也是這個道理，因為有了互動就會讓氣氛生動起來，就比較像平常與朋友在台下聊天的那種感覺，一旦你的演說就像日常閒聊那麼自然的時候，也許那就算是成功的演說吧！

此外還有一個有趣的問題是，像是比賽或是上台報告或提案，您

人生不是非得令人稱羨才叫幸福

覺得是抽到第一個比較吃虧，還是抽到最後一個比較占便宜呢？

一定有人說：第一個上台最棒，因為講完了就不必再緊張了，就把最精華最拿手的在第一時間表達出來就好，因為最煎熬的並不是在台上的那段時間，反而是上台前那段等待的時間最煎熬。

當然也有人會覺得，抽到最後的人還可以多出一段時間來吸取各家精華，補足自己所缺的，所以當然是最後上台的比較佔優勢！

我很喜歡電影「魔球」裡的一段經典對白：「在不被關注的時候，反而是你能夠盡力培養實力的時候！」就像有些人從小一直是第一名，所以總是被別人用很高的期望看待，壓力自然會大到喘不過氣來。

在各個領域裡也有很多所謂的沙場老將，總是一直被放大鏡檢視著，而很多的後起之秀，正因為沒有受到太多關注的壓力，最後反而以黑馬的姿態出線。所以，也許你覺得自己庸庸碌碌，在世俗的眼光裡不大受到重視，但那反而可能是一種幸福，因為你可以有最從容的時間空間可以做自己，蹲下身子來準備做一次最驚艷的躍起！

Part 1

人生並不是一定要處於巔峰才能快樂，非得令人稱羨才叫幸福！

當然，受不受關注或是第幾個上台這都不是我們能選擇的，所以最重要的就是「平常心」的修煉，因為那是一種克服恐懼的訓練。恐懼讓我們無法活在當下，讓我們非常在意未來的那個勝負結果，而且一點也不快樂。

到目前為止，我對「平常心」的體悟是，我們所能夠掌握在手裡的，在於努力的過程，至於結果會如何，不管是成是敗，是勝是負，全都是上天的恩賜，只能接受，不能強求！

很喜歡這段話：「得失之間的真諦並不在於汲汲營營的爭取，而是在平和安靜的時候反而會悄然而至！」

也就是，當我們能對人生旅途裡的得失保持一顆順其自然的平常心，那麼意料之外的收穫必將伴隨而來，朋友們，一起共勉！

02 虛榮的人，總是活在虛假大於真實的浮誇裡

越是不安，越是缺乏安全感，就越是需要強求很多表面的事！只是，那不是真正的你，時間久了，「心」鐵定是會生病的！

究竟是實際上自己感覺怎麼樣比較重要，還是別人眼裡看起來的我比較重要呢？還是，根本就沒有機會去感觸到自己的感覺是什麼？

所以對很多人來說，別人眼裡看起來的自己，絕對是第一重要的事！「虛榮，我最愛的原罪！」這是電影「魔鬼代言人」裡最畫龍點睛的經典台詞。劇情描述一位從沒嚐過敗績的年輕律師，被紐約最大的律師事務所招攬而成為最厲害的王牌律師，因而快速擠身光鮮亮麗

Part 1

人生並不是一定要處於巔峰才能快樂，非得令人稱羨才叫幸福！

的上流階級，就算是背叛自己的良心也在所不惜！但他的妻子卻因為無法適應虛榮的上流生活而導致精神衰弱。而男主角也在與撒旦的拔河中反覆掙扎著……

這部電影對於浮誇的虛榮有著很深刻的描述，更可以對照到現實生活裡，我們對很多物質虛榮產生的迷失，像是：

開超跑或是雙B炫富；

手機的話當然要用高階的 iphone，不然就遜掉了；

女生的話就必須背著香奈兒或是 parada 的包包；

男生就得配上江詩丹頓的手錶，因為那是身分地位的象徵；

想喝咖啡如果去便利商店或是買罐裝的就遜掉了，當然是要喝星巴克才對味，或是拿著它的杯子也會覺得自我感覺良好；

平常其實幾乎是不讀書的，但是如果去誠品的話一定要打卡向全世界宣告，還要到日系的蔦屋書店去辦張會員卡，除了強調自己的英文名字之外，還要沒事來點法文跟日文……

人生不是非得令人稱羨才叫幸福

尤其是臉書出現之後，這個現象更加明顯，沒事要PO個放閃照、討拍文、炫耀文來短暫滿足自己的虛榮。但其實，這是心底缺乏安全感的表現，而越是不安，就越是需要強求很多表面的事，因為那不是真正的你，而是虛空的，不真實的，膨風的……

於是，每天在真實與虛假裡矛盾的拔河著，又怎麼可能真的過得自在呢？這樣生活其實是很辛苦的，時間久了心一定會生病！

當然，有一種說法是，你必須用盡心力的往上爬，想要往上爬就必須看起來像上流社會的樣子，這樣才能結交到更多比自己有錢有勢厲害的人，而這樣的朋友愈多就越可以替自己加分，可以讓你更成功，進而改變自己的人生！

我想，人往高處爬是絕對正面上進的價值觀，而適度的在外表上做些裝扮與搭配也是必要的，畢竟人要衣裝佛要金裝，就算有著充實的內在但外表的第一印象卻因為不修邊幅而被扣分，那是很划不來的！

Part 1

人生並不是一定要處於巔峰才能快樂，非得令人稱羨才叫幸福！

曾經有人做了一個實驗，一個西裝筆挺的人說他皮包掉了要跟路人借錢，很快的就借到錢了。但一個穿著破爛邋裡邋遢的流浪漢如果同樣也跟路人借錢，十個有九個光是看到都避之唯恐不及，更不要說借錢給他了，甚至連警察都還遲疑了一會兒，所以這個實驗說明了一個人的門面有多重要了！

只不過，我們千萬不能變成本末倒置，把太高的比重放在華而不實的虛浮上。畢竟，你就是你，如果硬是變成了自己都不認得的另外一個人，那麼這樣究竟是在過自己的還是別人的人生呢？

不過一定有很多人會疑惑的問，到底那條實與虛的界線與比重的線在哪？我想，這個答案還是得跟自己的內心做最真實的對話才能知道，假如你的心底已經感覺假裝到心很疲憊累的程度，那就代表著是該有所修正了，因為虛榮的人一定是不快樂的，它必須強顏歡笑的撐起海市蜃樓的浮誇，硬是去強求別人嘴裡的錦上添花，到頭來苦的只會是自己。

所以我覺得，四十歲是看透真實與虛榮的分水嶺，四十歲之前，做些華麗的夢這是無可厚非，但四十歲之後就應該慢慢地認清，唯有降低虛榮貼近真實的自己才能獲得真正的快樂，而這樣的快樂才是我們來這世上走一遭的最重要價值。

Part 1

人生並不是一定要處於巔峰才能快樂，
非得令人稱羨才叫幸福！

03 你有「幸福強迫症」嗎？

在無止境的炫耀與比較裡，幸福似乎失去了原本的味道。也許，無法再次複製貼上，不需要上傳打卡，更不必向任何人宣誓證明，我想，這才是最真最深的幸福吧！

參加親友的婚禮總是要說：一定要幸福喔！

連續劇裡錯過緣分但仍相愛的男女主角總是要問：現在，你幸福嗎？

綜藝節目裡主持人總愛誇張的說：幸福嗎？很美滿！

於是，我們有時候總會迷惑的想問：幸福到底是什麼呢？為什麼別人總是那麼幸福？在臉書的動態裡，每個人都是那麼的幸福洋溢，

人生不是非得令人稱羨才叫幸福

吃吃喝喝、聚餐、看電影，全家快樂的出遊、在機場、風光名媚的異國無憂無慮的歡笑著、享受著……

最近跟一位很活躍於網路的朋友聊到，他發現有一種軟體的功能就是正大光明的偽造打卡地點，譬如你其實是在家裡宅著，但這個軟體能夠幫你變成是在法國巴黎艾菲爾鐵塔前，或是在西藏的布達拉宮，又或是埃及的金字塔……以及任何你能想得到的知名景點，並依據當地此刻的天氣去抓圖。然後系統還會幫你合成照片，還可以地幫你規劃後續一連串的旅程，並繼續定時地幫你打卡！

在以前還沒臉書的時代裡，也許我們會狐疑的問為什麼需要這樣呢？這麼做到底有什麼意義呢？這個的軟體目的是什麼呢？

記得，前一陣子看過一篇有趣的報導，談的是幾個令發明者非常後悔的發明，第一是原子彈，第二是炸藥，第三就是現在大家揮之不去的臉書！

也許這個答案有些令人吃驚，但卻又不難理解，也許，很多人受

Part 1

人生並不是一定要處於巔峰才能快樂，非得令人稱羨才叫幸福！

夠了被臉書制約的生活但卻又離不開它，因為在臉書裡，每個人似乎都是多采多姿、幸福無比的。

所以如果再對照現實裡的自己，為什麼自己竟然過得這麼悲慘辛苦呢？所以那就非得輸人不輸陣的也來較勁一下，而且一樣可以討到一堆讚來刷刷自我感覺良好的存在感，就算是偽造的，但誰知道呢？我想這就是網路世界裡的真實圖像，虛假裡的存在、存在裡的虛假。

我無意批評新科技、新媒體，因為它已經確確實實進入到我們的生活中，不管在主觀的情感上你是喜歡還是討厭，但也的確帶來了一個不同於以往的浩瀚新世界，當然也相對的也帶來了令人難以喘息的「幸福強迫症」！因為在無止境的炫耀與比較裡，幸福似乎失去了原本的味道。

我曾經與一個認識不是很久的工作夥伴禮貌性的互留 Line 與臉書，因為第一眼直覺他是一個質感不錯，值得和善相處的有緣人，結果之後沒多久臉書就發出訊息提醒今天是他的生日，要你留個言祝他

人生不是非得令人稱羨才叫幸福

生日快樂。於是我也禮貌的留了言祝他生日快樂，意外的是，他另外透過 Line 問我是不是有留言給他，因為是怕我的帳號被盜用所發出來的假訊息，並且跟我說他的生日並不是那一天，因為臉書上留的資料並不是真的……

雖然只是個微小的確認與告知，但我在心底非常感謝他的這份善意，至少證明了在現實的世界裡彼此有了初步的信任，哪怕只是說出真正的生日是哪一天這件事！

於是我思索著，我們每天花了大把時間流連的社群網路，裡面的身分與互動究竟存在著多少真實性呢？

但更弔詭的是，很多E世代的朋友們，每天互動最頻繁的很可能就是所謂的「網友」，必須從網友裡的讚與分享以及留言來證明自己的存在感與幸福感，想想這真是何等的失真！

所以，幸福的感受真的是如此嗎？就像我們吃到發自心底覺得美味的食物，是該像美食節目裡的來賓那樣，誇張地對著鏡頭說：歐，

Part 1

人生並不是一定要處於巔峰才能快樂，非得令人稱羨才叫幸福！

太棒了、歐一熹、豎起大拇指比讚等等……又或是在還沒吃之前就忙著拍照打卡上傳……還是，就靜靜地咀嚼此刻的美好，讓舌尖的味道慢慢地沁入心底呢？

也許，這就是一期一會的深刻幸福，無法再次複製貼上，不需要上傳打卡，更不必向任何人宣誓證明，才是最真最深的幸福吧！

04 什麼時候才是你最幸福的時刻呢？

若是你只關注在那些被過分膨脹的光榮時刻，以為那才是幸福，我想那樣的執著才是最不幸的！不必拼命去找了，就在此刻，當下，好好去品嚐眼前的酸甜苦辣吧！

幸福要去哪裡找呢？延續前一篇所說的，在婚禮的祝福裡：一定要幸福喔！似乎是一定要說的。

而婚姻就是一個最具體的幸福景象，兩個完全陌生的人，在茫茫人海裡相識，然後交往相戀，而且要剛好他喜歡你而你也喜歡他，然後，你們還要有夠深的緣分，彼此的家庭背景、經濟能力、知識水平還不能差距太大，然後攜手走上紅毯。這，真的是最奢侈的幸福，不

Part 1

人生並不是一定要處於巔峰才能快樂，非得令人稱羨才叫幸福！

見得人人都能夠擁有。

雖然表面上大家喜歡說愛情是不能講條件的，什麼年齡不是問題，身高不是距離等等的，但是現實世界裡的愛情要有結果，我們卻必須老老實實的承認，愛情絕對是需要講條件的，也就是各種條件真的不能太過懸殊，否則就會變得非常勉強，然後慢慢變得沉重。

當然聽過太多人說，戀愛甜蜜的終結就從踏入禮堂那一刻開始，也就是所謂的婚姻是愛情的墳墓！為什麼？不是為了要幸福，才要步上紅毯、共結連理嗎？

如果，要人們回憶從戀愛以來的一路點滴，究竟哪個階段是最美的？我想多數人會回答是在曖昧混沌不明的時候，因為覺得好像彼此喜歡，但又不是很確定，於是想盡辦法的試探彼此，所以對方的一個眼神、一個微笑就能讓自己快樂或難過個一整天，一種又酸又甜的感覺！

然而這個階段不可能一直停留，再進一步就會希望確認彼此的關

人生不是非得令人稱羨才叫幸福

係，要向世界大聲的說他（她）是我的男朋友或女朋友，走在路上要牽對方的手，要去見對方的朋友家人，臉書上要把交往狀態改成穩定交往中……但是常聽到很多女生會抱怨，反正被追到手了，跑也跑不掉，什麼送花、溫馨接送情、噓寒問暖的自然全都免了，於是好想回到那個曖昧不明的時候。

很多結婚多年的老夫老妻也總是說，多想重溫戀愛時的甜蜜感覺。只不過話說回來，如果真心相愛的話，總不能一直曖昧下去吧？所以這麼說來說去還真是有夠矛盾啊！

所以，到底什麼時候才是最幸福的時刻呢？我想，應該說是就在此刻吧！因為不管是曖昧時期的酸酸甜甜，或是確認彼此心意之後的安心與滿足，還是組成家庭後的柴米油鹽醬醋茶，或是生兒育女時期的甜蜜負擔，又或是老來伴時的平淡日常，每個時期都是無法複製的獨一無二，卻也都是幸福滿盈的，但也都有著說不出的苦澀！而且，如果更宏觀的來看，有人在不適合的婚姻裡極力掙脫，終於在離婚的

Part 1

人生並不是一定要處於巔峰才能快樂，非得令人稱羨才叫幸福！

那一刻大聲喊出：好幸福啊！

有的人則是在卸下有錢有勢的頭銜之後，大大的呼了一口氣說：「原來，每天可以不必在你爭我奪的算計中度過，這就是幸福啊！」

所以，幸福的樣貌很可能被我們過度的膨脹了。也就是，若是你只關注在那個被過分膨脹的光榮時刻，以為那才是幸福，那樣的執著才是最不幸的！

不必拼命去找了，就在此刻，當下，好好品嚐眼前的酸甜苦辣、喜怒哀樂，這樣才算是真正了悟了幸福的原味。

05 最危險的是，你從來沒輸過！

輸過，才能懂得什麼是重要的、真實的。學會把自己的身段放軟、蹲下、蟄伏，並謙卑地向命運學習，然後體悟出自己想要的成功到底是什麼！

這世上有人從來不敗？每次都是贏家嗎？從來沒有落後過別人成為手下敗將嗎？

我想，沒有人喜歡失敗，沒有人喜歡被人超越的失敗感，這應該是身為人的生物本能吧！否則為什麼就連超車糾紛都能演變成下車鬥毆，甚至還誇張到放槍殺人呢？

靜下來想想，只不過是自己開的車子被別人超到前面而已，但心

Part 1

人生並不是一定要處於巔峰才能快樂，非得令人稱羨才叫幸福！

裡就是不爽，就是一種不想被別人超在前面，覺得輸了很不舒服的感覺罷了！

所以如果再放大到人生的競爭裡，讀書、考試、感情、婚姻、職場上的加薪升官等等太多太多的關卡，我們都得兢兢業業的贏過別人，深怕萬一輸了就會一敗塗地、萬劫不復了。

我時常喜歡舉政治上的例子來比喻人生，因為那是微觀個人心理狀態的放大版，所以我舉臺灣幾乎每隔幾年都會歷經到的選舉為例子，每個陣營都會打出這是一場不能輸的選舉，只要我們輸了，臺灣就完蛋了，如果對手贏了，你的生活鐵定會陷入水深火熱，臺灣不能停下腳步停滯不前，唯有支持我們，讓我們贏，臺灣才有希望，我們的明天也才能光明！

這些口號與論調大家一定不陌生，每到大選都會喊的震天價響。但是，這二十多年來，不論是中央或是地方，其實藍綠之間也都反覆的輪替過了很多次，各陣營都贏過也輸過，但臺灣還是屹立不搖，並

人生不是非得令人稱羨才叫幸福

沒有因為誰贏、誰輸而變成世界末日。反而若是我們不看熱鬧看門道會發現，每當贏的那一刻都是種下了下次慘敗的開始，因為贏而驕傲自大，因為勝利而變得目中無人，接著必然傲慢腐化，而與人民漸行漸遠，最後自然就被選民淘汰！

於是，我們再把這個邏輯與現象拉到人生的輸與贏裡就會發現，輸的時候，才是最接近自己的時刻，沒有贏的時候才是最珍貴的！

也許，你會忍不住抱怨說，為什麼我大部分的時間都是庸庸碌碌的失敗者呢？永遠都只有給別人掌聲的份，我好想當個勝利者，享受著別人所給的恭維與錦上添花，那種飄飄然的感覺好棒啊……但如果你能夠慢慢體會，其實平凡，問心無愧的過生活是何等幸福的事，那其實是會比那些位高權重的大人物大老闆要快樂的多呢！

如果，把人生的成敗得失想像成登山，當我們辛苦的在蜿蜒陡峻的路途裡備嘗艱辛，最後終於皇天不負苦心人的攀達了峰頂後就會發現，峰頂的視野雖然美不勝收，但卻不可能一直待著，或是賴著不走

Part 1

人生並不是一定要處於巔峰才能快樂，非得令人稱羨才叫幸福！

的乾脆在那紮營，因為很可能沒過多久，天氣就開始劇烈變化，原本的晴空萬里變成雲霧繚繞，然後颳起強風下起大雨……而且，當我們下山後再回首就能恍然領悟，原來攻上山頂的快意與成就感，是因為揉合了過程裡的艱辛才能擁有！想想看，如果只要一步就到達了山巔，那還能有這樣的感受嗎？

所以，輸贏之間，該怎麼明確地把那條線畫出來？又該怎麼去計較利害得失呢？也許，輸過，才能懂得什麼是重要的、真實的。然後學會把自己的身段放軟、蹲下、蟄伏，並謙卑地向命運學習，或許在這樣的過程裡你會發現，可能是上蒼要你去試試另一條更寬廣的路，或是要我們認清自己的不足，然後體悟出自己要的成功到底是什麼？

輸，真的沒什麼關係，只要我們不要因為輸而喪志，而是能在暫時的失敗裡清醒，並藉此鍛鍊自己的靈魂，那麼它絕對是最值得尊崇的心靈導師！

06

孩子，生下你不是為了希望你光宗耀祖，是因為你值得來體驗這世界

親情之間最重要的初衷不就是陪伴嗎？生下你，豐富了彼此的人生；生下你，是因為你值得來體驗這世界！記得，要時時檢視自己有沒有在不知不覺中，藉著「天下父母心」這五個字偷渡了自己的自私。

我們東方人總是有些話不願意真實地說真相，很多話也明明知道那並不是事實，但卻也不大敢真的去挑戰它，就像「天下無不是的父母」這句話一樣！

我們不能否認，母愛、父愛在大部分的情形下是無私的，但這當

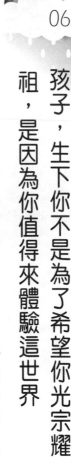

Part 1

人生並不是一定要處於巔峰才能快樂，非得令人稱羨才叫幸福！

中很可能夾雜著自私與比較、面子與炫耀，正因為愛得深，所以這類以愛為掩護的控制就會變得無形且變本加厲。

在日常的生活當中，把孩子當成炫耀工具這類的情形其實相當普遍。記得看過一篇文是在討論有了智慧型手機之後，每到孩子們的運動會、體操表演、才藝發表會等之類的場合，都會看到一堆家長只急著卡位到最好的拍照角度，然後拍完急著上傳臉書、IG等人來按讚，根本沒人在乎孩子們真正的表演！

而我自己的經驗則是，曾經在台中新社花海的風景區裡，看到一個母親硬要小孩鑽到花海裡去拍照裝可愛，但看得出來孩子並不是很願意所以有些抗拒，大概是覺得鑽到花海裡並不妥當，或是有些害羞不喜歡這樣拍照，但接下來卻看到母親斥責孩子說：「你看人家都拍照都拍得那麼開心，只有你這麼彆扭，我都在臉書上跟大家說要帶你來看花海了，如果沒有幾張像樣的照片我面子往哪擺？你真是太讓我失望了！」但其實說穿了，這個母親不過是想要打卡炫耀而已。

人生不是非得令人稱羨才叫幸福

當然，我舉的這兩個例子都算是生活裡的小事，說起來並不嚴重，只不過從微不足道的小事時常能夠看見很多端倪，於是會發現有更多的父母，在孩子們慢慢大了之後會用：「我這麼做是為你好，我對你的期望很高，你千萬不可以讓我失望！」這類的話來給孩子壓力，甚至是把自己曾經沒有達成的遺憾，強加到孩子身上要孩子盡全力達成。

的確，這是因為愛得深才會衍生出的深刻期待，但這樣的期待卻往往變成了控制。尤其，如果是發生在有兩個以上孩子的家庭裡，那麼兄弟姐妹間就會陷在被比較的痛苦當中，比較優秀的總是會被說他是家族之光，可以讓整個家族走路有風，也就是所謂的光宗耀祖、魚躍龍門！

我一位學生時期的老朋友，我們一起落榜、一起重考，後來好不容易在歷經千辛萬苦後考上了大學（在那個錄取率相對比較低的年代），但總覺得他還是有著說不出的憂鬱，後來才知道他有個超級優秀的哥哥，建中、台大，然後出國留學的那種人生勝利組，後來也很

自然的在美國工作生活，成家立業，然後順理成章地拿到了美國國籍成了名符其實的美國人。

也因為這樣，所以很多年才回來一次，而且我的這位老朋友自從他的母親過世後，整個家就只剩下父親跟他兩個人而已，有一次，周遭鄰居問起他父親說：「你不是有個很會唸書的大兒子嗎？過年怎麼都沒看回來呢？」

沒想到他的父親脫口而出：「優秀有什麼用！又不在身邊，幾年才見一次面……」

當我聽到朋友年事已高的父親這樣的回答，才讓我驚覺到，其實親情之間最重要的初衷不就是陪伴嗎？生下你，豐富了彼此的人生；生下你，是因為你值得來體驗這世界，而不是來讓我覺得很有面子的！

的確，不能因為愛與付出就企圖想要掌控孩子的人生，要把孩子的人生塑造成自己想要得樣子，替他決定伴侶、決定工作、決定大大小小的決定，但其實，每個孩子都有自己的人生。

　　這些道理也許人人都懂，但若身處其中要做到卻真的不容易。所以如果您是為人父為人母的朋友們，記得時時檢視自己有沒有在不知不覺中，藉著「天下父母心」這五個字偷渡了自己的自私呢？

Part 1

人生並不是一定要處於巔峰才能快樂，
非得令人稱羨才叫幸福！

07

不磊落的成功者VS偉大的失敗者

成功者的故事其實不必奉為圭臬，反而該發自內心感謝生命裡的失敗，並學會欣賞周遭那些在奮鬥過程裡具備成功精神的失敗者，理解、接受並藉此釋然自己一路走來的失落與輝煌！

朋友們，現在的你覺得自己是所謂的人生勝利組？還是被歸在魯蛇組？還是你拒絕進入這個遊戲規則，完全不想對號入座呢？

在你的價值觀中，是否接受這世界上存在著偉大的失敗者，但也存在著不少令人尊敬的魯蛇呢？

反過來說，你會不會打從心底的覺得，世上充斥著很多不磊落的

人生不是非得令人稱羨才叫幸福

成功者，那些人除了登上成功的峰頂之外，卻找不到任何可以尊敬他們的地方呢？

如果做一個簡單的心理測驗，問您最欣賞的人物前三名，你的答案會是：有權勢的富豪、政治人物？像是美國總統、中國國家主席、郭台銘、ＣＥＯ、財經雜誌所謂的最有影響力的人等等？還是演唱會門票秒殺的偶像歌手？總是票房保證的大明星？得過諾貝爾文學獎的鬼才作家？拿過奧斯卡的國際大導演？

最近讀了一本很有趣的書「偉大的失敗者」，書名顧名思義就知道要介紹的是失敗者，只不過一定很多人會覺得奇怪，失敗就失敗，為什麼要在前面加上偉大的這三個字？既然都變成失敗者了，又會有什麼偉大可言呢？

從小時候開始，父母老師總會要我們讀一堆偉人傳記，而這些傳記大部分都是所謂的成功人士，有錢、有權、有地位所以值得後人效法，不大可能讓我們去認識一些負面的失敗者，然而這本書則顛覆了

Part 1

人生並不是一定要處於巔峰才能快樂，
非得令人稱羨才叫幸福！

這個價值。

作者提到就因為「失敗」是如此普遍存在我們的日常生活中，值得我們效法的典範絕非勝利英雄，而是那些不怒氣沖天，還會微笑的失敗者。從偉大的失敗者身上，我們可以看到自己的影子，從而安於地球上最常見的失敗宿命，繼續奮力前行。

所以，如果問問自己，您心中對成功的定義是什麼呢？回到開頭提出的問題，你覺得現在的自己是處於成功，還是失敗的處境？還是覺得自己不上不下，每天瞎忙，但卻又不知道究竟為誰辛苦為誰忙呢？

我在先前的作品「醍醐灌頂的一句話」裡提到過一段電影痞子英雄的經典對白：「真相，不過是勝利者告訴你的一個故事而已，千萬記得，是故事而不是事實！」也就是說，一但成為了勝利者，不用你自己說就會有人幫你編撰很多故事，反正都成功了，先前的事怎麼編怎麼掰都無所謂！

所以你如果看穿事情的核心就會發現，大部分的成功者不見得在

人生不是非得令人稱羨才叫幸福

事前有什麼超級縝密的計畫，或是天賦異稟的才能，只不過就按部就班地盡力去做，然後摸著石頭過河，最後就在機緣與天意的促成下終於開花結果！

但在結果底定之前，其實是任誰也沒有把握的，但當結果底定之後，回過頭來要怎麼說都可以，所以慢慢的我領悟到對成功者的故事也不必奉為圭臬，反倒是必須回頭去看努力過程裡的精神與堅持！

這麼說並不是要替失敗找藉口，而是年過四十歲之後，我覺得應該對成敗之間有更高的視野與理解，並發自內心的感謝生命裡的失敗，也更應該溫柔地對待並欣賞周遭那些在過程裡具備成功精神的失敗者，理解、接受並藉此釋然自己一路走來的失落與輝煌！

所以，如果您覺得此刻的自己是勝利、成功的，最聰明的就是要盡量保持低調，需要的是更多的謙卑與感謝，因為會有太多人要拍你的馬屁，杜撰你的豐功偉業，漸漸地說真話的人少了，就算說了你也不見得聽得進去，這會是非常危險的時刻！

Part 1

人生並不是一定要處於巔峰才能快樂，非得令人稱羨才叫幸福！

如果你覺得此刻的自己是不如意的、魯蛇的、不上不下的，不管再怎麼努力，就是無法心想事成，那麼就捫心自問在盡人事的部份做到了多少，如果是問心無愧的，那就坦然地與失敗共處吧，不必非得強求一定要怎樣，因為每個人的人生關卡都不同，際遇與機會也都是獨一無二的，敗不餒、勝不驕，只求用心品嚐著勝敗裡的一切，這絕對比汲汲營營於別人眼裡的成敗要快樂的多！

08 選擇比努力重要VS努力比選擇重要

「選擇比努力重要」這句話雖然沒錯，但卻沒有多大的意義，因為關鍵的選擇是對是錯，其實只能用結果論來談後見之明而已！回到事情的最初，通常只不過是順著局勢且戰且走，然後配合了剛好的機緣再加上了適度的堅持，如此而已！

最近時常在臉書或是Line收到朋友們轉傳的文字裡，反覆的提到「選擇比努力重要」這句話，這個說法大致上都是出現在生涯規劃、理財、金融、保險、經營管理這類的社群所發出來的。

看了之後我反覆的思索，並回首自己走到目前為止的人生路，我

人生並不是一定要處於巔峰才能快樂，
非得令人稱羨才叫幸福！

不否認這句話非常有道理。因為，我們時常會站在此刻回首前塵，總會感嘆如果早知道如何如何就好了，所以熱賣的暢銷書裡也不乏類似像是：寫給十年前的自己，或是一定要告訴十年後自己的一百句話這類的主題，所談的都是，該怎麼在關鍵的時刻裡作下最關鍵的選擇，如果做對了選擇，你的人生將會很不一樣；如果選錯了，那麼人生就一路黑白！

所以，當講到「選擇」這兩個字的時候，我們都會不由自主神經敏感了起來，因為這不是到麥當勞選幾號餐，或是決定看哪部電影那樣無關痛癢的決定。

而且，選擇若是加上了時間的這個因素，我們就會就變得患得患失了起來……像是選填的科系、戀愛的對象、工作、進修、創業、轉行……類似這樣的人生抉擇，花下去的時間都是三年五年十年甚至更久，而且時間最殘酷的就是走過了就回不去了，萬一最後證明那是錯的該怎麼辦呢？

人生不是非得令人稱羨才叫幸福

這就像在迷途的十字路口，到底是該向左走還是向右走呢？如果選擇了錯誤的路，那麼再怎麼努力的確是沒有用的，想到這，每個人都精神緊繃了起來！

我舉自己為例子來說，大學讀的是冷門的文科歷史系。一聽到歷史系大多數人的反應都是，歷史系除了當考古學家與老師之外到底還能做什麼呢？

也的確，當時在我的同學裡，大家都普遍有著這樣的茫然感，而正好當時教育部開放了所謂的教育學程，也就是非師範大學體系的學生，只要修滿教育學分就等同具備教師甄試的資格，所以多數的同學都選擇了老師這條路。

而如果以現在這個座標回頭看的話，這樣的選擇是絕對正確的，因為這些年來臺灣的經濟實力每下愈況，企業平均壽命不斷縮短，裁員資遣的情形時有所聞，所以比較之下教職是個相對穩定的工作！

但如果你硬要說選擇當老師的同學們，當年是多麼有真知灼見的

眼光而選了這條路嗎？我想答案絕對是否定的，因為大家不過是順著局勢且戰且走的自然變成了如此，也就是剛好的機緣加上了適度的堅持，如此而已！至於關鍵的選擇是對是錯，其實只能用結果論來談後見之明而已，也就是當事情沒有走到最後一刻，根本是誰都說不出個準的。

所以我覺得「選擇比努力重要」這句話雖然沒錯，但卻沒有多大的意義，畢竟，大多數的人一路走來總是跌跌撞撞、塗塗改改，反而重要的是在選擇的答案揭曉後能夠懂得適時的修正方向，那才是比較重要的！

當然，也的確有人工作運就是超幸運的，一畢業就進了一家一直成長的公司，最後就在這家公司退休，一輩子也沒去過其他公司。但有的人進的公司看似不錯，卻在中年的時候面臨到殘酷的裁員。

在感情裡，有的人一生就只談過一次戀愛，然後就和這個初戀的對象結婚，還彼此一路相伴到老。但有的人就情路坎坷，總是無法在

人生不是非得令人稱羨才叫幸福

對的時間裡遇到對的人……難道說，只談過一次戀愛的人就真的是多有眼光多會選擇嗎？我覺得只能說不是每個人都能如此幸運，甚至該說能這麼幸運的是少數裡的少數，只能珍惜，但可遇而不可求。

所以，只要我們可以勇敢地在不斷的在選擇裡修正再出發，並坦然接受這些命運的磨難，這樣的人生態度，會比總是陷在選擇比努力重要的患得患失裡，要重要得多！

Part 1

人生並不是一定要處於巔峰才能快樂，
非得令人稱羨才叫幸福！

09

最偉大的奇蹟

能吃、能喝、能睡、能拉、能動、能走……
這些原本習以為常的理所當然，其實才是
宇宙間最偉大的無價之寶！

朋友們，您覺得世界上既奧妙、又神奇、卻又最難解開的祕密是什麼呢？幽浮、外星人？恐龍為什麼滅亡？蟲洞？四度空間？時光旅行？海底的亞特蘭提斯？龐貝城？……

我覺得，世界上最精密也最奧妙的奇蹟是我們的身體，因為就算人類有厲害的科技可以登陸月球，發明超音速的隱形戰機，研發人工智慧的超級機器人，但對我們借住而暫存在宇宙間的這個身體，從大腦、心血管、神經、肌肉、觸覺、嗅覺、感情我們使用著、享受著、

人生不是非得令人稱羨才叫幸福

感覺著，但卻對它一知半解，面對很多的病痛也依舊是束手無策！

在沒有遇到病痛或是受傷的時候，我們以為吃飯、呼吸、走路、睡覺是那麼的理所當然，但是，只要一個小小的皮肉之傷，甚至只是吃東西不小心咬到舌頭，或是感冒發燒腸胃炎等等的病痛降臨時，我們才會驚覺原來健康的身體才是宇宙間最偉大的恩賜！

也許，有時候遇到失意的時候會覺得自己好像一無所有，但千萬別忘了，我們的身體就是一個不可能代替的無價之寶，想想看，如果有人開價花一百萬買你的一隻手，一千萬買你的一雙眼，一億買一雙腿，你會願意嗎？

如果就算擁有了億萬的財富但卻失去了無價的自己，這樣真的快樂得起來嗎？所以，當覺得被生活的挫折磨的萬念俱灰的時候，去醫院走一趟觀察一下吧，馬上你就會體悟到，四肢健全的好手好腳，能吃、能喝、能睡、能拉、能動、能走，這些原本習以為常的理所當然，其實才是生命中最值得感恩的真實幸福！

Part 1

人生並不是一定要處於巔峰才能快樂，非得令人稱羨才叫幸福！

有一種說法是，我們以為可以完完全全的擁有自己的生命，但其實只是具備了體驗生命的權利而已。也就是說，自己的身體其實是宇宙賦予在一定的年限內讓我們寄住在其中，然後藉著它存在這個繽紛的世界裡，體驗著喜怒哀樂與悲歡離合，而當時候到了就得全部還回去，塵歸塵、土歸土。

的確，有很多病痛，說來就來，就算在醫學很發達的今天也很難得到一個很確切的解釋，尤其在年輕的時候，總是不自覺健康的可貴而縱情揮霍，於是在歷經過意外的病痛之後，才驚覺以前的人生過得是多麼的荒誕虛擲！

所以我們能做的，就是在可以努力的範圍內珍惜自己的健康，像是不要太常縱慾的大吃大喝、少肉多菜、適度的運動，並且抱持著健康的、愉悅的心情來體驗人生裡一切的好與不好……

當然，每個健康的態度與習慣都需要一個機緣的引導，當契機降臨的時候我們就該勇敢的去克服它，像是戒菸、戒酒、規律的運動等

人生不是非得令人稱羨才叫幸福

等，因為只要肯開始就永遠不會嫌遲。

回歸簡樸，用反璞歸真的精神來經歷生活與人生，我想這應該就是最健康的人生態度吧！

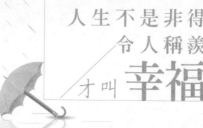

PART 2

不強求，就是最強大的自信

人生不是非得令人稱羨才叫幸福

01 不強求，就是最有自信的展現

真正的自信只有自己能給，因為真正有自信的人，就不必拼命炫耀自己身上的行頭，或是羨慕別人身上的行頭，而是找到一條只屬於自己的道路，盡力去做但不強求結果，且能樂在其中。

最近看到一篇知名作家張曼娟所寫的短文，提到的是「消失的中年人」這個主題，意外的在網路上得到了熱烈的迴響。我想它有趣的地方就在於，明明走在街上中年人比比皆是，他可能是社會的中堅份子，或是一個家庭的經濟支柱，又或是一家公司的領導階層，論地位與權利都不容忽視，那為什麼會說消失了呢？那些人都去哪了？

Part2

不強求，
就是最強大的自信

近來流行一個辭彙叫做「夾心族」，也就是上有老下有小，因為被老與小夾在中間，就像夾心餅乾的餡一樣，所以被稱作夾心族。

而另一個大家非常熟悉的形容詞就是「中年危機」，但幾乎很少人用少年危機或是老年危機來形容，但套在中年就很能令人產生共鳴，為什麼呢？

我想是因為到了老年，也許是已經看遍了人生的風景與成敗榮枯，對於是非成敗轉頭空的豁達也慢慢能夠看破接受。而中年的時候，相較於年少時，體力與幹勁都明顯走了下坡，驀然回首已然來到了人生旅途的中端，往後看的後悔還歷歷在目，往前看似乎又有著一絲絲贏回來的希望，於是就這麼不上不下的卡在中間，進也不是退也不能，就像是雙腳陷入泥沼般的尷尬處境，有點動彈不得卻又還能掙扎……

所以，中年危機很可能就是，找不到能夠發自內心讓自己充滿自信的事物，於是只好活在世俗的標準下來來互相比較，像是名片上的頭銜、公司裡的職稱、存款上的數字、房子的地段、多昂貴的車子、

手錶的價格等等……

如果是女生的話，就得來比比上面提到的東西，自己的老公是不是夠稱頭，再來當然是比比孩子，如果有兒子那就趨近完美了，如果沒地位、沒頭銜、沒結婚、沒兒子，那就只好頭低低的承認自己輸了！

因此，人到中年，跟以前年輕的時候比起來是擁有了比較多的東西，尤其在物質層面上，可是人比人氣死人，比了之後才發現一山還有一山高，所以又希望可以得到更多，這樣才不會漏氣，於是就更會在乎別人眼裡的評價！

也漸漸地對一成不變的生活感到厭倦，不管是家庭生活還是職涯規劃上，特別是對工作容易出現職業倦怠，有想換的衝動但怎麼可能輕易捨棄多年來所建立的，如果換了那豈不是前功盡棄了，畢竟到了中年還要從頭開始那是需要多大的勇氣呢？於是只好繼續陷入物質的比較裡來短暫的麻痺自己，這正如張曼娟在短文裡提到的，中年彷彿是危機四伏的，卡在兩代之間，卡在上司與下屬之間，卡在夢想與現

實之間，但正因為卡住了，才終於有機會停下來思索，慢慢地看清楚自己，看清楚人生。

回首我們年輕的時候，自信大多來自於別人的肯定，似乎贏過別人，接受眾人的恭賀與掌聲，就是對自己人生的最好肯定，但跟隨而來的卻是汲汲營營、患得患失與惶惶不安，於是有的人漸漸地覺醒了，了解到這樣的自信是短暫的，受制於處境的，疲憊的……

真正的自信只有自己能給，如果是真正有自信的人，就不必找到機會就炫耀自己身上的行頭，或是羨慕別人身上的行頭，而是找到一條只屬於自己的道路，在自己的路上，盡力的去做，但不強求結果，並樂在其中！

我想，這是歲月給我們的最棒禮物，讓我們比以前更從容、更淡定、更泰然，因為這是油內而外不假外求的自信，更是人到中年所散發出來的獨特魅力！

02 懂得拒絕，你才是真正的你

懂得拒絕，生活才有可能從加法變成減法的越過越簡單，也才能讓自己變成越來越像自己的樣子，只有當我們慢慢學會不那麼在意別人的羨慕與期待時，我們的心才是自由的！

「拒絕」這兩個字，隨著年齡的增長越會覺得它是充滿智慧的結晶。當我們人生閱歷還不夠的時候，聽到拒絕這兩個字，總是覺得充滿尷尬，別人都說出口了，提出請求了，而你卻拒絕，總覺得這樣好殘酷啊！

而且拒絕了，是不是等同於失去了一個寶貴的機會呢？萬一之後

Part2

不強求，就是最強大的自信

遇不到更好的機會那豈不虧大了？而反過來說，被拒絕就更是一件難堪的事，就像是被人潑了冷水或是狠狠打臉般的那樣丟臉……所以，如果我們有了些想法，或是想邀請別人一起參與，也會害怕面對被拒絕後的受傷心情，很容易在反覆思索後就此打住。

因此，不管是拒絕還是被拒絕，都是個很深刻的人生功課！尤其在男女的感情裡，該怎麼拒絕？何時需要拒絕？除了需要智慧，更代表著誠實與負責。

因為最怕的是心軟不敢拒絕，而讓對方覺得是有機會的，而繼續把心交出來的付出，這種食之無味棄之可惜的三心二意，其實造成的傷害會比拒絕要大的多！畢竟，感情是不能勉強的，同情只會讓原本的難堪變得更加殘忍而已，所以坦蕩蕩的拒絕，才是最負責的！

在年輕的時候，我們會很在意別人的眼光與期待，害怕被當成空氣，被孤立不被認同，於是會把別人眼裡的自己看得比自己真正的想法還重要。當然，最重要的原因是不大清楚自己要的是什麼，所以別

人生不是非得令人稱羨才叫幸福

人眼裡的自己就會變得格外重要！

被別人肯定了，就好像擁有全世界；萬一被冷落了、排斥了，就像墮入萬丈深淵般的痛苦。因此我在之前的作品裡也談到，拒絕與選擇，乍看南轅北轍，但其實是同一件事！

懂得拒絕，生活才有可能從加法變成減法的越過越簡單，也才能讓自己變成越來越像自己的樣子……還好歲月讓我們漸漸摸索出自己要的是什麼，讓自己在取捨之間慢慢地立體起來。

也就是，如果自己想要的剛好符合別人的眼光，那當然值得高興，因為那是一種難得的緣分。

但如果不符合的話也能很自在，因為畢竟自己的人生是自己在過的，只要不影響到他人，自己的內心感到自由才是最重要的。

自由才會快樂，快樂就是幸福，人生中還有什麼比幸福的自己更重要的呢？

03 除了自己，沒人可以給你安全感

安全感是求不來的，而且越是去求就越覺得更加不安。滿足了這邊，另一邊又覺得不安全了！因為如果你要擔心，什麼都能擔心，就算是人人稱羨的大富翁也是一樣。

「你真的讓我很沒安全感耶！」這句話幾乎是在不管熱戀中或是已經穩定交往，甚至是已經生兒育女的老夫老妻間吵架的時候時常脫口而出的一句話，而且大部分都是女生跟男生抱怨，為什麼呢？而安全感又是什麼？為什麼會覺得沒有安全感？可能是對方沒有穩定的工作，口袋不夠深而無法擁有優渥的物質生活，或是個性飄忽不定難以掌握……

同樣的，也可能是因為對方條件太好，即便是人人稱羨的高、富、帥，卻會怕他花心腳踏多條船，或是怕對方總是不給承諾，或是覺得對方根本給不起承諾，這同樣會很沒安全感。

所以朋友們，看到這有沒有覺得很矛盾？條件太好，條件欠佳；經濟富裕、經濟不穩；不給承諾、給不起承諾，這些都是剛好位在天坪的兩邊，但為什麼不管位在哪一邊，一樣都會覺得沒有安全感呢？

也許，我們在四十歲之前所追求的，大多是希望能夠讓安全感指數提升的事，像是一份穩定的工作，身心契合且能夠承諾的感情、名片上好的頭銜、一定要有自己的房子，就算要繳貸款也好，否則老了要何處棲身？

然而，人到中年，所謂的中年危機卻正好是這些過去拼命追求的反向，如果你很順利的已經五子登科，也就是該追求的大概都有了，但卻會開始覺得困惑與不安，像是夫妻關係早已平淡如水，早就記不得愛的悸動是什麼感覺了，孩子也慢慢大了，漸漸不需要自己了，想

Part2

不強求，
就是最強大的自信

要來越說走就走的旅行卻依然被工作與家庭困住，奮鬥了多年的工作漸漸感到職業倦怠，於是思緒時常會飄到年輕時所曾經懷抱的夢想，像是玩音樂、寫小說、拍電影、開店當老闆……但想歸想卻也清楚的知道，那些不過是年輕時不切實際的幻夢罷了，還是回到現實裡才是真的，然而現實裡的一切卻又如此的令人覺得無力，於是就這麼像迴圈般循環反覆著！

其實不論如何，安全感並不會因為你得到多少而降低，反而時常是得到的，正是讓自己失去的，也就是當你得到的那一刻，新的不安全感就立刻啟動了。

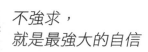

看過一個很有趣的故事：

有位老人家辛苦的工作終於到了退休年齡，雖稱不上是什麼富翁，但是可以領到的退休金也還算不錯，也有棟自己的房子，而且兩個孩子也都很成才，一個是開飛機，一個則是開火車的，但這卻成了他每天煩惱擔憂的根源，因為不管是晴天還是雨天他都擔心，晴天擔心會

人生不是非得令人稱羨才叫幸福

不會因為太熱造成鐵道彎曲出軌，雨天害怕飛機起降會遇到亂流……所以整天愁眉苦臉，燒香拜拜但還是擔心的要死！

後來終於有一天遇到一位仙人下凡，他對老人家說：「是上帝派我來希望能幫幫你。」

老人家聽了很高興地說：「真是太棒了，老天有眼，終於聽見了我的祈求！」

他跟仙人說：「有什麼仙丹可以讓我不要整天擔心東擔心西的，這樣我就可以快快樂樂的過我的退休生活。」

神仙說：「我沒有帶什麼仙丹來，只是想跟你商量，你要不要試著認真感受現在的退休生活，你好不容易辛苦了大半輩子，現在終於不用看老闆臉色，不用一大早趕著打卡，不必擔心業績也不用加班，這樣不就很棒了嗎？」

老人家愣了一會兒說：「是沒錯啦，可是我很擔憂我那兩個孩子啊，仙人啊，如果你有孩子的話，就能懂我在說什麼了！」

Part2

不強求，就是最強大的自信

仙人說：「問題不在兩個孩子，而是在於你自己。你應該試著先練習看看，吃飯就好好吃飯，睡覺就好好睡覺，運動就好好運動，洗澡就好好洗澡，把你以前因為工作沒時間做的事試著從能做的先做，去體驗生活裡微小的樂趣。」

於是，老人試著遵照仙人的指示，每天從好好吃飯開始。

一早到市場採買，然後好好的做頓飯給自己吃，然後傍晚好好的運動，讓吃飯、運動、睡覺、洗澡變成真正的享受，最後老人家漸漸地意會到，任何事都必須專注其中，才可能變成享受！

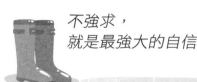

這故事看完後一定有人會說：什麼嘛，就這樣，我還以為是什麼出乎意料的精采故事，沒想到這麼無聊……但是，如果你願意靜下來思索，也許故事裡仙人說的乍聽之下跟廢話沒兩樣，但卻一針見血的命中了生命的真相。如果你要擔心，什麼都能擔心，就算是領有優渥退休金的老人家也是一樣。

因為真正的安全感，難以從外在的得到而滿足，而是我們必須試

著學習，該怎麼從外在的得失，變成由內而外的滿足。

也就是，培養可以凝視自己內心的能力，清楚自己的不安來源，然後專注於眼前可以讓自己靜心的事，這樣的安全感才是誰也奪不走的。

04 亂塗亂寫，就是最好的療癒

不管是動筆畫、動手寫、折紙、撕紙、捏泥土等等方式，重點都必須要觸及到真實的東西，不需要太過複雜，因為只有在這樣的簡單裡，我們才能夠慢慢地找回那個反璞歸真的自己

延續前一篇的結尾所談到的，我們該如何學習凝視自己的內心？該怎麼把因外在處境的患得患失，轉變成由內而外的真實滿足呢？

我曾經執行過一個市場調查的問卷研究，它在問卷的最後設計了一個開放題問受訪者：「請問您較常從事的休閒活動有哪些呢？」

因為這題是個開放題，所以有趣的是滿多的受訪者大多會愣個幾

人生不是非得令人稱羨才叫幸福

秒鐘，然後很為難的說出：「好像沒有耶！」的答案。另外有為數蠻多的受訪者會回答睡覺、吃飯等。而比例較高的還有像是散步、運動、看電影等等……

當然，有人會狐疑吃飯睡覺這也能算休閒活動嗎？但誠如上一篇談到的，如果我們能夠把吃飯睡覺當成一件樂在其中的事，那肯定可以活得很快樂，而關鍵就在於是不是能夠專注其中！

尤其我覺得在這個被智慧型手機與通訊軟體全面入侵的時代裡，要專注感受當下反而變得更加彌足珍貴，太常看到的一個畫面是，一群人看來是相約一同聚餐吃飯，但卻鴉雀無聲各自滑著各自的手機。

更離譜的是，就算走路騎腳踏車也要滑，滑到都快撞到人、快踩空跌倒了還不自覺，甚至還發生過跌到水裡的情形。有的則是到公園運動慢跑也得盯著螢幕，看到美景所做的第一件事並不是沉浸於當下，而是拿起手機猛拍然後上傳臉書看有幾個讚，於是，雖然在吃飯、在運動、在放鬆，但其實心卻依舊被不相干的事干擾著！

也許這說來不是很容易，但重點就在於你願不願下定決心拒絕手機的干擾，

然後回到此刻的你所該專注的事上面！

我們再回到那份問卷裡的開放題來問自己，您較常從事的休閒活動是什麼呢？我想，所謂的休閒並沒有高低層次之分，但重要的是要能夠自得其樂，不需要傳上網討讚、跟別人炫耀，而是發自內心覺得舒坦才是最重要的！

- 當你疲累時，畫花能幫自己放鬆。
- 充滿憤怒時，畫直線能幫你輕鬆。
- 身體某個部位痛，可以用捏泥土來分散注意力。
- 感到無聊時，在紙上畫滿各式各樣的繽紛花朵。
- 感到憂鬱時，畫一道彩虹讓自己開心。
- 當你害怕時，在布上織一朵花非常有效。
- 當你不滿意時，可以將紙撕碎發洩。

人生不是非得令人稱羨才叫幸福

- 摺紙會幫你減少憂慮感。
- 當你心情緊張時，隨便畫圖會讓你放鬆。
- 當你忘記某個東西，一直想不出來時，畫迷宮會幫助你。
- 失望時，畫道路可使你找到新出路。
- 需要恢復精神時，畫一張風景畫很有用。
- 自畫像會幫你多了解自己的情感。
- 需要記住目前的狀態時，試著畫出各色的斑點。
- 如果需要整理想法，去畫蜂窩或方形。
- 想要了解自己的願望時，創造一張剪貼畫。
- 想要專注於目前的想法，就讓數個圓點變成一張畫。
- 想找出解決問題的最佳途徑，去畫圓形與波浪吧！
- 想著重於目標上，可以畫網子或靶子。
- 覺得自己在生活中無法前進，多畫幾個螺旋能讓你找出那條準確的道路。

Part2

不強求，就是最強大的自信

這是俄羅斯治療師 Victoria Nazarevich 所提供的藝術治療法的幾個基礎原則。也就是不管是動筆畫、動手寫、折紙、撕紙、捏泥土等等方式，重點都必須要觸及到真實的東西，不需要太過複雜。

只有在這樣簡單的真實當中，我們才能夠慢慢地找回那個反璞歸真的自己，也難怪前幾年最暢銷的書籍竟然是著色本與練字書了！當時我的一個高中老友還因此去上寫鋼筆字的課程，他希望能夠練就一手漂亮的鋼筆字，但他上了一學期的課程之後說：「唉，怎麼我的字還是這麼醜呢？」

我倒是覺得，寫得好不好看真的是其次。可以把寫得漂亮、寫得俊美當成一個努力的目標，但最重要的，是書寫本身所帶來的療癒與平靜，這才是最無價的自得其樂，更是人生旅程裡的最佳伴侶，您說是嗎？

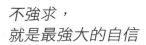

05 誰也奪不走的自在

當你能夠一個人自得其樂的時候，你的心就是自由的，找得到伴的時候享受著熱鬧的樂趣，找不到伴的時候，就用心面對自己，享受著與自己獨處的踏實與親密，可靜可動、自在無窮。

繼續延續上一篇所談到的自得其樂，其實休閒活動並沒有高低級之分，並不是說看畫展、聽音樂會就比吃飯、睡覺要高級，重點是在於能不能夠把心靜下來，因為只要能夠靜心，自然就能擁有更豁達的心胸與不強求的泰然智慧。所以關鍵就在於是不是有質，於是我提出了三個培養有質休閒的關鍵指標：

Part2

不強求，就是最強大的自信

第一是心靈層面一定要大於物質，因為若是物質大於心靈的休閒，那其實充其量只能算是一種消費行為，而消費行為就是一種慾望滿足的過程，也就是越快滿足了就會越快不滿足。

心理學家更清楚地把這樣的行為學術化，稱之為多巴鞍（Dopamine），中文翻譯為神經傳導物質，也就是大腦受到局部刺激時所產生類似快感的錯覺，但當刺激消失後，反而會更加失落與憂鬱，於是就必須趕快再去尋求快感的滿足……所以許多我們覺得很有快感的休閒活動，很容易在結束後留下更多的空虛！像多數的上班族，週一到週五努力的工作，到了週末假日就是把週一到週五所賺的錢花掉，於是去吃大餐、看電影、買衣服、因為把錢花掉本身就是一種很棒的快感，而花得起錢更是一種尊貴的榮耀。

曾經看過一個朋友在臉書上po文寫到，原來假日就是個找地方找事情把錢花掉的時刻，說穿了就是換個地方滑手機po文與睡覺，因為賺來的錢不花掉不然要幹嘛呢？

但是當週日晚上來臨的時後，取而代之的就是一種空虛與失落，也因此會出現憂鬱禮拜一症候群也就不足為奇了！所以我們如果可以清楚的內觀自己，你會發現快感並不等同於快樂與幸福，因為「快感」需要的是滿足，但正因為有個「快」字，那麼必然的就會來的快去的也快，很快的滿足了，但也很快的又覺得不滿足了。

第二個關鍵則是必須要能夠一個人完成。的確，很多休閒活動是只能呼朋引伴去完成，像是去ＫＴＶ唱歌、吃大餐、各類球賽、打牌等等等，有些則是沒有伴一個人也可以，像是散步、慢跑、騎單車、某些球類（像籃球一個人時就單人投籃，網球就對著牆壁打）、看藝術展覽、電影、登山……這類的休閒活動的可伸縮性比較大，找得到夥伴的情況就來個眾樂樂，想獨自完成的時候也可以獨樂樂。

也許有人會問為什麼會把這點列入呢？因為我覺得，可以一個人完成的休閒活動，它在休閒的同時，同時也是與自己對話的過程，必須誠實面對自己的心靈，當然是非常難能可貴的時刻！

Part2

不強求，就是最強大的自信

舉個例子來說，一個人散步、兩個人散步與一群人散步，雖然都是走路，但就算是走同一條路線，然而你的「心」與「眼」所看到的景緻絕對是不同的。否則你下次可以自己做一個試驗，原本是一群人做的事，下次你試著一個人去試試，然後用心的去感受其中的不同，並可以試著把這些心情書寫下來。

我這麼說並不是說一個人做的休閒就比較好，而是當你能夠一個人自得其樂的時候，你的心就是自由的，找得到伴的時候享受著熱鬧的樂趣，找不到伴的時候，就用心面對自己，享受著與自己獨處的踏實與親密，可靜可動、自在無窮。

再來談第三個關鍵，如果這項休閒如果是具備競爭性的，那你能不能在不論輸贏、不計排名的狀況下依然覺得樂趣無窮呢？沒錯，競爭給人們努力的動力，因為想贏是生物的本能，沒有人喜歡輸的感覺，但很可能，你並不是真心喜歡這項休閒，只是你很擅長，很容易因此得到掌聲而去做。

但如果當沒有了掌聲，不需要拼輸贏的時候，你還會想去做嗎？就像如果不是要通過考試，你還會保持閱讀的習慣嗎？如果不是因為希望得到某某冠軍，你還會努力練習，力拼到底嗎？如果答案是肯定的，那恭喜你，因為這樣的興趣一定能夠伴你度過漫長的人生路，並豐饒你的生命。

我想這正是所謂「有質」的休閒活動，它的層次已經超越輸贏，能夠讓你昇華到自由無拘的境界，這種誰也奪不走的自在，會是生命裡最好形式的陪伴！

Part2

不強求，
就是最強大的自信

06 A House Is Not A Home

不管有沒有一間屬於自己的房子，重要的是房子裡的我與一起生活著的家人，以及一顆能夠懷抱悠然暢意的自在心靈。

除非是類似中樂透的這種奇蹟，不然我這輩子大概很難在台北買一間房子了！房價高的嚇人這一直是政治人物們頭痛的問題，也因此公共住宅建設不斷在每次的大選裡受到關注。

時常搬家的朋友們一定很能體會，食、衣、住、行裡的「住」這件事有多麼困擾著沒有自己房子的市井小民。但無論如何，不管你是貸款買新房、換租屋處、或是參加公宅抽籤，又或是借住在親戚朋友家，住在哪裡一定是人生裡的一件大事，因為那代表著你在某個地

方落角的足跡，可能是求學，可能是工作，或是自己組成家庭，甚或是一言難盡的逼不得已，這些事對每個人來說都是人生轉變的重要時刻！

有句話說：「金窩銀窩，還是不如自己的狗窩」！再糟的地方，只要住久了，習慣了，就會產生一股莫名的依戀。房子本身是沒有生命，只是一堆冰冷的鋼筋與水泥所組成的，但卻是個遮風避雨、安身立命的地方，所以它除了是一個生活的空間，更是一家人休憩與共享的角落，有著空間所衍伸出來的特殊感情，承載著獨一無二的喜怒哀樂，這都是不可能再次複製的人生歷程。

朋友們，從小到大，您搬過幾次家呢？還記得搬家時候的心情嗎？是在幾歲的時候呢？有沒有在你心中留下些許難過的記憶呢？

其實，搬家是所有情緒變換經驗中最容易被輕忽的，因為在那樣的變動裡總是忙得不可開交，但又不像面臨老、病、死這類有具象需要難過的人或事，所以很容易被忽略。

當然，如果是因為收入增加，要換到環境更好、更新、更大的房子，雖然興奮，但也一定會夾伴隨著些許的感傷。

此外就是住的時間或長或短，如果住的時間很長，那麼要結束與一間房子緣分的時候，肯定是相當難過的。這有點像是要脫離學生時代畢業的那種感覺，雖然知道要奔向人生另一個新的里程固然覺得高興，但是面對未知、面對陌生、面對離別，一定參雜著難以言喻的哀愁。

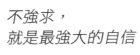

朋友們，如果您有一間不必搬離的房子，就算是在窮鄉僻壤的郊鄉，只能在逢年過節的時候才有機會回去一下，但至少在這片土地的某個角落，有個屬於自己的地方永遠等著你，這是何等幸福的一件事啊。

在先前的作品裡常常談到「黑洞頻率」這部電影，它是一部非常有味道的親情穿越劇，內容是描述一對父子透過無線電竟然可以與三十年前的自己通話，於是相隔三十年的父子就在從小到大一直住著

人生不是非得令人稱羨才叫幸福

的屋子裡，傳遞著營救母親的證據……每每看到這，都會讓我想起孩童時代陪伴我的那間房子，那個房間，那個窗戶看出去的景色以及那個時期的青春記憶……而如今那棟房子是誰在住呢？它好嗎？有時候，我也會不由自主的就逛到那裡，然後抬頭仰望著，於是很多思緒就會如潮水般地湧上心頭。也常幻想著，能不能上去敲敲門，要求現在的屋主讓我進去參觀一下，喝杯茶呢？因為我只是想進去懷念一下小時候的幸福回憶而已……

如今我已邁入中年，算一算也已經搬過三次家了。我曾經非常在意一定要買一間自己的房子，但在年過四十後，我已經漸漸懂得不再強求，而是必需學著在每個新的環境裡安適並隨遇而安。

我想起了很喜歡的一本日本小說「蓮花莊」，這本小說的主題談的就是房子，故事的主角在四十五歲的時候，為了脫離天天逢場陪笑及加班加到爆肝的日子，終於鼓起勇氣辭去高薪的工作，搬離家裡並租下東京都市中心內的老舊公寓。

Part2

不強求，
就是最強大的自信

由於房子老舊，夏天必須與蚊蠅大軍奮戰，梅雨季節則必須與不時出沒的鼻涕蟲共處，然而不論環境多惡劣，但在克服生活上不便的同時，她漸漸學會細細品嚐生命裡的酸甜苦辣，並逐步在簡單的生活裡體悟出隨遇而安的真實與可貴！

所以，不管有沒有一間屬於自己的房子，重要的是房子裡的我與一起生活著的家人，以及一顆能夠懷抱悠然暢意的自在心靈！

07

感受當下的幸福，是我能替未來所做最重要的事

也許是經歷了一次又一次搬家的辛苦，終於讓我們意識到，一家人能夠聚在同一個屋簷下的時間是何等的可貴啊，難道沒有大房子住，一家人就要愁眉苦臉的嗎？

曾經以為自己早被幸福所遺忘了，總是被永無止盡的經濟壓力追著跑，總是很難遇到對的人。委曲求全卻得不到善意的對待，為什麼別人輕易就能得到的，我卻總是這麼困難，而且就算千辛萬苦的得到了，卻在很短暫的時間裡，新的困頓又來了，這樣的困頓是別人從不需要煩惱擔憂的，但我就總是要操煩這麼多呢？

也時常對擁有房子這件事感到憂慮，會很擔憂這輩子難以再次擁有自己的房子，腦海裡時常浮現著年老的時候還要看房東臉色，還必須居無定所到處搬家的悲慘處境，甚至心底會有些怨恨，當時父親若是不要拼命擴充事業就好了，為什麼還把好好的一棟房子拿去抵押，然後把賣房子的錢拿去投資，結果又賠得一敗塗地呢？

於是，有很長一段時間，我覺得幸福離我好遠好遠，想要拼命努力，把擁有過的失去再次贏回來。於是我加倍努力，拼命趕路，但心中揮之不去的憂愁卻依然如影隨形，完全沒有散去的跡象。

幸好，我喜歡閱讀，喜歡書寫，於是我透過閱讀、書寫來療癒自己。在文字裡，我反覆的咀嚼當中的深刻哲理。的確，很多老生常談像是活在當下、隨緣、感恩、惜福這些話，總是說起來容易，做起來難，甚至很多人覺得這些不過是陳腔濫調而已，不看也罷！

但如果你願意靜下心來體悟就會發現，我們總是被未來追得喘不過氣來，一直擔憂還沒有發生的明天會怎樣，卻因此影響了今天的生

人生不是非得令人稱羨才叫幸福

命品質！

於是我告訴自己，不能讓心這樣一直地沉下去，必須向上提升地做些改變，所以，我試著每天做點小小的練習，不管再忙、再累都要抽出一小段時間，在沒有任何干擾的情形下與自己誠實地獨處！首先，一定要關掉網路，不要受任何3C產品的干擾，就只是放鬆、放空就好。

後來我發現，在坐捷運通勤回家的那段時間裡，當車廂裡大多數的人都目不轉睛的盯著手機滑個不停時，我則是時而閉目養神，或是瀏覽著窗外流逝的萬家燈火，又或是試著做些療癒的冥想，想著藍天白雲，想著夕陽彩霞，想著一望無際的草原與朝露。

試著不要總是去看生活裡最糟的那一面，不該總是耿耿於懷已經失去的，而是轉個方向去看值得感恩的部份，於是真的就漸漸地豁然開朗，領悟到拼命趕路與擔憂對現況根本沒有任何幫助，而且此刻的自己也絕非一無所有……此刻，我還能與年邁的父母一起在都心之外

的市郊生活著，雖然是租來的房子，但至少還有個安身立命的地方，雖然通勤的時間變長了，但房子依山傍水，視野比過往的高級住宅區還要好，有著看不完的山河景致，而且空氣新鮮！

更難人可貴的是，在過去很長的一段時間裡，家人之間各自心中都有些心結纏繞著，很多不滿與怨懟沒有說開來而積怨於心中。但是一轉眼，我也已經步入中年，父母也早已白髮蒼蒼，但也許是經歷了一次又一次搬家的辛苦，終於讓我們意識到，一家人能夠聚在同一個屋簷下的時間是何等的可貴啊，難道沒有大房子住，一家人就要愁眉苦臉的嗎？

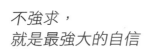

那些當年如何如何的後見知明，現在看起來也早就不重要了。過去，母親談到父親擴張生意借貸的事仍會咬牙切齒，但到現在大多是一笑置之。

曾經，我一直想著過去失去了多少，未來就要贏回來更多……但現在的我，已經慢慢學會放鬆放下並專注在每個當下，力求把每個今

人生不是非得令人稱羨才叫幸福

天過好就好。

能夠努力的就努力，無力改變的就學著接受，因為，感受幸福的當下是我能替未來所做最重要的事！

08

幸福，不見得能用金錢買到，但可以在「時間」裡得到

斷絕沒有必要的低頭盲滑；捨棄過多的人情應酬；離開浪費時間的紛擾空間。所以不管再怎麼忙，也要把時間留給自己，哪怕每天只有十分鐘，都好。

這幾年來，日本作家山下英子的著作「斷、捨、離」蔚為風潮，它的最主要精神就是鼓勵我們要時時清理身邊的雜物，短時間用不到的，已經屬於過去式的東西，能夠清掉的，就盡量不要留著，因為透過一次次勇敢的捨棄，我們就能多出「新」的空間，「心」也會變得清爽自在。

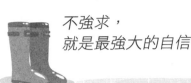

人生不是非得令人稱羨才叫幸福

先前提到，因為不斷的搬家，我從原本的念舊狂、戀物癖，慢慢懂得清理東西，把空間空出來這件事對生活有多麼重要，而且因為沒有自己的房子，所以我更深知搬家不會是最後一次，所以我也盡量不堆積，不去買不必要的東西，短期內用不到的書就捐出去，盡量讓生活空間裡的雜物降到最少。

然而，除了空間之外，時間的斷、捨、離也是我近來意識到非常重要的課題。尤其最近這次搬到距離都心更遠的地方，不論是搭捷運或是騎車都必須多出三十分鐘的時間，因此更讓我意識到無形的時間是多麼的寶貴。要花，就該花在真正重要，有意義的事情上！

最近跟一個社會新鮮人聊到她的新工作，我問她還適應嗎？會不會很累？有常加班嗎？她回答說每天都可以準時下班，但是下班後常要吃飯應酬，這樣算不算加班？

我想這個回答很多人都會會心一笑，因為在職場裡，應酬吃飯可能還比留在辦公室加班應酬還要累。白天工作已經累了一天，下班後

Part2

不強求，
就是最強大的自信

還要帶著面具擠出笑容偽裝著，說些言不及義的場面話，所以就算吃的是高級料理、山珍海味，卻常令人覺得食不知味，也難怪「深夜食堂」這套漫畫會這麼受歡迎，還拍成了電視劇劇跟電影，甚至連華語版、韓國版的都有。

我想它是道出了現代人的心聲，因為在深夜食堂裡，沒有高檔昂貴的料理，也不必什麼網路人氣或是名家推薦，都是一些簡單到不行的家常菜，不必說些不知所云的應酬話，因為吃多貴、多高檔的根本不重要，而是跟誰吃、在那裡吃才是重點。在對的地方，跟對的人吃飯，這樣才能療癒心靈，也才能咀嚼出食物與生命的真正味道！

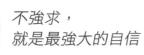

有句話很有意思：「時間是最公平的，給每個人都是二十四小時；時間也最不公平，給每個人都不是二十四小時」也就是時間就那麼多，就看你選擇要把時間給哪個人、哪一件事呢？因為幸福，不見得能用金錢完全買到；但你絕對可以在「時間」裡得到！

當然，一定有人會抱怨，每天那麼多事情要忙，行事曆上滿滿的

代辦事項，

一大堆應酬要赴約，一卡車通訊軟體裡的訊息要回……但時間就像海綿裡的水一樣，只要你願意用心擠擠看，總還是有的！所以，除了空間的斷、捨、離之外，我對時間斷捨離的體悟是：

- 斷絕沒有必要的低頭盲滑。
- 捨棄過多的人情應酬。
- 離開浪費時間的紛擾空間。

不管再怎麼忙，也要把時間留給自己，哪怕每天只有十分鐘都好。用心地去感受當下的每一種感覺，觀察生活週遭的真實變化，像是日出日落的時間，

天空的顏色、亮度，花草樹木的榮枯生滅，四季溫度的微妙變化……這些生活裡看似一成不變的理所當然，只要你願意，都會變成豐富人生調色盤裡的燦爛色彩！

09

戒除「手機強迫症」，你的心才能真的自由

斷絕習慣性儀式性的低頭！捨棄無意識沒目標的茫亂盲滑！脫離對3C產品的過分依賴！如果您的願意，嘗試看看吧，過過看不被手機綁架的生活，絕對會比現在總是心神不寧的你，要幸福的多！

在過去，錢包丟了是一件很麻煩的事，不只金錢上的損失，那些證件像是身分證、健保卡、提款卡、信用卡等一拖拉庫的才是真的麻煩。

但這些年已經有了劃時代的改變，錢包幾乎退居第二線，現在反

而是手機掉了那才是更傷腦筋的，因為很多人可能連最基本的生活都得暫時停擺了！

首先，就算你找到公共電話，但通訊錄全在手機裡，根本就不知道其他人的號碼，若是沒有另外備份或是抄在筆記本裡，大概會就此遺失了，跟很多人可能就此失聯了。而更多人是依賴通訊軟體像是Line 來通聯，手機丟了自然就無法發送訊息。

此外很多人也把手機當記事本，遺失了就連計畫表也消失了。而這些年漸漸流行起電子支付，也就是手機本身就是行動電子錢包，因此越來越多人身上幾乎沒有帶現金，這樣要是沒了手機大，概連到便利商店買顆茶葉蛋都成問題。

也就是，手機能做的事太多了，讓你對它的依賴一天比一天重。只不過，如果是跟我同一世代的朋友們，讓我們稍微的回想起小的時候，那時就連傳統的智障型手機都沒有，要聯絡只能用市內電話，歲末年終的耶誕節或過年還會互寄卡片，真心期待著對方親筆書寫所稍

Part2

不強求，
就是最強大的自信

來的祝福，甚至還有人透過書信的往返來結交筆友，透過信紙彼此交流著心情，那種深刻且真誠的情感總是讓心頭覺得暖暖的！

後來出現了手機，然後再進化成智慧型手機，再加上社群網站與通訊軟體的成熟發展，人與人間的聯繫變得毫無距離，而各類功能的ＡＰＰ更解決了生活裡的種種大小事，可以說是讓生活便利了許多。只不過，不斷製造便利很可能只是一種迷思，更何況方便並不等同於快樂，很多刺激消費的商業行為，只是利用方便為幌子讓你深陷更大的慾望牢籠中！想想看，我們有沒有因為智慧型手機的普及而比以前更快樂、更悠閒呢？

最近很流行的一句話：「世界上最遙遠的距離就是，你就坐在我的對面但卻還是低頭拼命的滑不肯抬頭。」可是多數的人是，看完後覺得很有道理，於是立刻按讚分享後，依舊繼續低頭！

朋友們，問問自己，你每天花在低頭滑手機的時間有多少？有沒有下意識地沒多久就要檢查一下手機訊息呢？若是好幾個小時沒滑會

人生不是非得令人稱羨才叫幸福

不會感到不安？

在這個時代裡，你我或多或少都有點「手機強迫症」，差別只在於程度上的輕重而已。相較於傳統的市內電話，手機雖然是高科技的無線電話，是透過無線網路來傳輸，但卻像有著無數條既粗又緊的繩子般，緊緊束縛著我們的心靈，也像被它禁錮的囚鳥一樣，失去了自由卻還沾沾自喜的慶幸自己不是ＬＫＫ，是趕得上科技潮流的時髦人士！

延續前面談時間斷捨離的話題，如果你覺得自己好忙好忙總是籌不出時間，努力想要從時間的海綿裡用力擠出一點來的話，我想當務之急就是必須從對手機的斷捨離開始：

斷絕習慣性、儀式性的低頭！

捨棄無意識沒目標的茫亂盲滑！

脫離對３Ｃ產品的過分依賴！

該怎麼做呢？

Part2

不強求，
就是最強大的自信

我提出了一個非常具體且釜底抽薪的辦法，那就是千萬不要辦吃到飽上網的費率（電信公司大概會把我殺了）。大約三年前臺灣某家電信業的龍頭開出了第一槍，希望將千元有找的4G吃到飽費率導向分級收費，無奈競爭激烈，各業者雖私下認同但卻不敢貿然跟進，深怕因此流失了原本的客群。甚至二〇一八年五月還發生了四九九之亂，堪稱是業界的經典之作。

原來，全世界只有臺灣有吃到飽的費率方式，所以既然是吃到飽所以不上白不上，拼命看拼命連，拿來追劇聽音樂打遊戲……想想看，若是有傳輸量的限制

我們自然會有所節制，就跟去一般不是吃到飽的餐廳吃飯一樣，頂多吃一個套餐八分飽就會打住了，因為再點會吃不完，既浪費又花錢，但如果是吃到飽的餐廳，明明已經飽了，卻還要虐待自己的腸胃拼命把食物塞下肚，滿足了被膨脹的口腹之欲卻傷了身！

所以，當你意識到漫無目的的亂滑是會讓荷包失血的時候，自然

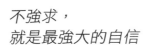

就能夠找回許多被手機偷走的時間！

朋友們，如果您願意，嘗試看看吧，過過看不被手機綁架的生活，絕對會比現在總是心神不寧的你，要幸福的多！

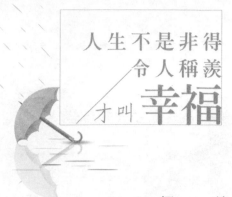

PART 3

時間永遠是最清醒公正的裁判

01

久別重逢的同學會，我該參加嗎？

最好不要攜伴參加，千萬不要盛裝打扮，不建議大家互相交換名片，凡是能夠勾起回憶的，像是紀念冊、照片、成績單、考卷、課本、獎杯、獎狀、錄音帶、情書強烈期盼大家攜帶前來，目的就是希望回歸同學會最原本的面目。

年紀越大越覺得，同學會真的是個很有趣的人生體悟，因為那是一起走過永遠不回頭的青春同行者，所以多年後再見到了老同學，感覺就像坐了時光機穿越了時空一樣！

只不過，事隔多年的同學會該不該參加呢？這一直是人們心中時

常會陷入掙扎的有趣心境，一方面想要回顧過往，但卻也難以否認每個人早就已經不一樣了！

針對同學會一直有兩派說法，一派是說，同學會一定要去參加，這樣才不會因為年紀越來越大而變得自閉，能有更寬闊的人際互動這樣才不會老，而且一起重溫年輕歲月的美好，也有助於心情的愉快！

但另一派說法是，同學會其實就是一個最虛偽的比較大會，探聽八卦、暗中較勁彼此的成就，比另一半、比孩子、比頭銜、比綠卡、比房子、比車子……而且每每參加完總是無比的疲憊。

而另一種情節最常發生在戲劇或是小說裡，大部分的橋段是因為失聯，在多年後的同學會而開始一段錯過了多年的戀情，也許過去曾經暗戀，或是誰當年沒有勇氣把心意表達清楚，有什麼話因為陰錯陽差的錯置而沒說出口，巧的就在多年後的同學會相遇了，也終於鼓起勇氣把埋藏多年的心意說清楚了，最後皇天不負苦心人的在有點遲但還不算太遲的人生下半場找到了彼此……

人生不是非得令人稱羨才叫幸福

又或是多年前大家埋下一個叫時光膠囊的東西，裡面藏著兒時大家所寫的情懷與天真，多年後將它挖出來開封，結果竟然發現了驚人的祕密……這類的故事雖然老掉牙很芭樂，但卻總是永遠不會退燒的暢銷老梗！

也許是我們對不斷流逝的歲月覺得感傷，並在長大的過程裡體悟到從簡單變成複雜的現實殘酷，所以會出現一種心情是，要再重新認識一個人。但重頭開始了解對方的個性，然後深交是一件非常累人的事，於是我們開始懷念起兒時那種單純的美好。

因為那時候的世界很小，很直接也很無邪，肩上沒有重擔也還不懂得責任是什麼？就這麼懵懵懂懂，在沒有利害關係的情況下成為同窗，一起走過了人生中最無憂的歲月。只是，沒有人可以不必長大。經過了時間的磨難，每個人都早已不是那個時候的自己了，但卻都期盼那樣的感覺可以找得回來……

我的經驗是，在同學會的場合真的難免比較，而且若是大家又攜了一大堆伴，老婆、老公、兒子、女兒、隔壁班的、朋友的朋友、前女友的同學……到最後原本認識的人不到一半，可以講到話的機會少之又少，不然就是說些場面話或是屁話，想說心裡的話更是難上加難，於是覺得實在是太無聊了，只好低下頭來拼命滑手機平板，甚至有想要中途離開的衝動，好不容易結束後覺得還真是累人。

於是我在這裡提出了一個「反璞歸真時光同學會」的狂想：地點就在畢業的學校教室，希望大家最好不要攜伴參加，方便的話就各自帶些食物、飲料前來，千萬不要盛裝打扮，以最休閒簡樸的居家穿著前往，地攤貨、拖鞋、涼鞋為最佳。

如果不必翻箱倒櫃，只要還找得到的，所有可以紀念的任何東西，像是紀念冊、照片、成績單、考卷、課本、獎杯、獎狀、錄音帶、情書等等凡是能夠勾起回憶的，強烈期盼大家攜帶前來。現在工作上的名片可以不必帶來，因為並不建議大家互相交換名片。

這只是我的一個狂想，目的是希望同學會如果可以回歸最原本的面目，該有多好。當然，現實裡難免有些聚會應酬是身不由己的，但像同學會這種完全自由沒有拘束力的聚會，是不是要參加的第一前提就是自己要覺得愉快，因為回憶與懷舊是為了「療癒」，要覺得開懷，如果距離這樣的心情太遠的話，那就別勉強了！

但如果是因為太久沒見面而覺得羞怯，那就姑且一試吧，畢竟曾經走過同窗歲月的老同學還能再相見就是有緣，也許久別重逢的「反璞歸真時光同學會」真的會發生也說不定呢！

Part3

時間永遠是
最清醒公正的裁判

02

你現在過的人生，有在原先的計畫中嗎？

對於未來，你應該計畫訂定目標，但卻無法控制人生的際遇與無常，因為計劃趕不上變化是最不變的常態，所以我們要有勇氣不斷修正、塗塗改改。

記得自己還是學生的時候，在聯考的壓力下，聽深夜廣播一直是枯燥疲憊生活的精神寄託。當年聽的深夜廣播節目邀請一位教育心理的博士當做特別來賓，他在大學任教，也出過好幾本暢銷書，當時正流行聽眾 call in 到節目裡問問題，談的大多是年輕學子課業、感情的一些疑難雜症。

人生不是非得令人稱羨才叫幸福

當然，以現在的我回頭來看當時的一些問題，會覺得大多是雞毛蒜皮的小事，不過當時這位教授的一段回答令我至今印象深刻。

他說，你要學著計劃未來，要趕快做未來十年、二十年的人生規劃，像我在你們這個年紀的時候就很清楚計畫自己的人生，很確定要走學術這條路，所以我積極的準備考試，然後留學，現在才有辦法在學校任教，從講師、副教授、教授一路升上來，到現在我已經能夠很確定的可以「控制」我的人生了！

當時的這段話給我很大的震撼，要及早規劃、要控制自己的人生……現在回頭想想，以我自己為例子的話，我算是很早就知道自己志向的人，因為打從國中時期開始，就很喜歡閱讀報紙雜誌，特別是多數人會覺得比較嚴肅無趣的政治與國際新聞。

很清楚記得那時的同儕們愛看的，大多是影劇版跟體育版，像是明星八卦或是職棒消息等，特別是民生報、大成報這類的娛樂報紙，而我偏偏就喜歡看各大報的社論與時論廣場，也因此在高中時期我就立

Part3

時間永遠是
最清醒公正的裁判

志未來要成為一個專業的政治記者！

只不過事與願違，大學聯考重考後仍沒填到新聞系，於是退而求其次的讀了歷史系。雖然如此，但我並沒有放棄原本的初衷，去選修旁聽新聞系的課程，並累積辦校刊、系刊的經歷，為的就是希望能夠實現夢想。

無奈退伍後剛好面臨媒體業的寒冬，平面媒體不是吹熄燈號就是裁員整併，記者的職缺是少之又少，於是我轉而到電視台去找有關製作政論節目的工作，卻因此意外的接觸到了編撰劇本的工作，就這麼變成了所謂的協力編劇。但也正因為這一路來的跌跌撞撞，讓我有了更多自省與心靈探索的機會，於是常在夜闌人靜的時候把這些心得書寫下來躍然紙上，後來就順理成章的集結成書，成了心靈療癒作家。

有趣的是，時常有人問我，你是如何成為作家的呢？是從什麼時候就立志的？我都很誠實的回答：「其實是誤打誤撞加上順其自然的結果……」

人生不是非得令人稱羨才叫幸福

的確，閱讀與寫作是我從小就養成的興趣沒錯，但原本立志要當的是記者，卻這麼一路在命運的牽引下成了作家，可以說是完全的在計畫之外。

而當年那位教育心理博士所說的，要控制自己人生這段話，這些年來一直都在我心中反覆思量著，但隨著過盡千帆的經歷與遭遇，我的心得是，人生是不能控制的，反而是「計劃趕不上變化」還比較貼近真實！

我相信當年那位專家是為了給同學們激勵並打氣，要我們更有自信，更負責的面對人生所說的鼓勵話語！但並不能因為這樣，就把渾渾噩噩漫無目標的過生活合理化，而是我須接受人生總是需要不斷修正、塗塗改改。

就像前面篇章提到的，計畫就像是指南針讓我們不會迷失方向，也似航行中的船一定要有目的地，否則沒有目的地的船，就算全速前進，也等於迷航！

所以，只要你有朝著多年前訂下的目標前進，是走在屬於自己的路上，就算目前的狀況不如預期，也該給自己按個讚拍拍手，然後適時衡量做些調整，也許慢慢你會發現，計畫之外的人生也是別有洞天的喔，與朋友們一起共勉！

03

沒有經過時間的焠鍊，我們都別太早說你真的了解誰？

成長的代價就是，我們不得不承認自己對某些人、事、物看走了眼，這不是誰的錯，而是此一時，彼一時而已！因為時間會帶走舊的際遇，帶來新的境遇……更可能，在別人的眼裡，自己也跟過去大不相同了！

有句話說得真好：「不離不棄的，才是真朋友；不見不散的，才是真守候！」但是我們該怎麼知道哪些人會不離不棄，哪些人會不見不散呢？我想，只有時間才能給我們答案吧！

Part3

時間永遠是最清醒公正的裁判

時常我們會發現，某些人、某段關係，我們以為超級了解對方，覺得彼此間的情誼是獨一無二的，於是因此而種下了很深的情感、很多的執著，但卻在人生某個關鍵的事件裡，發現到自己竟然是一點也不了解他，完全無法理解對方在想什麼，為什麼會這麼做？一種難以置信的陌生感襲上心頭！

其實，這絕對不是誰的錯，很可能每個人也不見得對自己完全了解，更可能是因為時間與空間的微妙作用引領著我們改變，因為世界上沒有任何東西會永不改變，沒有任何狀態可能一直停留在原地永不前進，就算是石頭、雕像或是化石，也會被時間奪走原本的堅硬而變得斑駁！

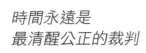

還記得自己在十幾二十的年少歲月時，對於「因誤會而結合，因了解而分開」這句話不大能理解。那時候很狐疑的是，既然是誤會，那為什麼會結合，既然彼此了解了，那為什麼要分開？

原來，這都是時間施與的魔法。因為人與人之間的聚散都是在某

個時間點，某個時空情境下，因著相同的處境，類似的境遇，有著相同的目標，或是對抗著共同的敵人，或就只是剛好身邊需要一個伙伴而因此結合在一起。但聚合的這個時空環境不可能永遠存在，時間會帶走舊的際遇，帶來新的境遇，於是，原本的了解變成了誤會，原本的誤會慢慢地變成了了解，如此互相對調的結果，結合與分開的結局互換，也就再自然不過了！

也許，成長的代價就是，我們不不得不承認自己對某些人、事、物看走了眼，但這不是誰的錯，而是此一時，彼一時而已！更可能，在別人的眼裡，自己也跟過去不同了！

所以，每一刻的每一種離合聚散都是無可取代的緣分，緣聚是緣，緣散也是緣，強求不來。因為不管是誤會還是了解，只要珍惜過就好，只要懂得好聚好散，就好！

04 人脈與友情有什麼不同呢？

人脈是建立在利害關係的基礎上而存在的，正因為不是真的熟稔，才需要刻意裝熟膨脹交情。真誠的情誼則是以類聚的自然契合，完全不需要太過刻意就能彼此投緣！

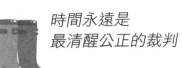

自從社群媒體像是臉書崛起之後，經營所謂的「自媒體」就成為現代人的顯學，每個人都是一份最獨特的報紙雜誌，也是一家獨立的廣播電台或是電視台，只要你有特色，夠嗆感秀，夠用心，勤經營，人人都有機會成為網路世界裡的大明星。

而為什麼有人粉絲人數可以一路攀升變成網紅，而有的人卻寥寥可數，其關鍵就在於經營，也就是必須絞盡腦汁想出最有創意的點子

來跟粉絲們互動，讓粉絲能夠在不知不覺中變成鐵粉，追蹤你、關注你的一舉一動。

同樣的，在現實的生活中，也時常聽到很多人說，人脈是成功最重要的階梯，就算你只有五分的實力，但人脈能幫你加到七分、八分，經營人脈絕對是最划算的投資！

但是如果把關係繼續延伸，有人也會問：「那親情、友情與愛情是不是也該費心經營呢？」時常容易忽略的是，因為太熟悉、太了解而覺得既然已經是自己人，所以在態度上就變得理所當然，反而傷害了彼此而不自覺。

關於這點，我試著用人脈關係與感情來釐清兩者的不同，所謂的人脈是我們必須清楚知道，他是建立在利害關係的基礎上而存在，正因為不是真的熟稔，

才需要刻意的去強調：大家都這麼熟了；我們是朋友耶；開玩笑，當然挺你到底這類假裝很熟的話。

也就是必須膨脹彼此的交情去說些言過其實的話，甚至用出賣別人的祕密來得到交心，汲汲營營的去用心計較，也因此，像這樣功利性比較高的關係，你想獲得多，就必須加倍付出，用力經營！

但另一種關係，我把它稱做更高一層的「情感」，像是友情、愛情與親情。這類的情感，是一種物以類聚的自然契合，完全不需要太過刻意就能彼此得緣！要的是有心的順其自然，也就是有什麼心意，一定要讓對方知道，然後順著緣分讓感情自然流露，但千萬別流於太過刻意的物質交換裡，因為如果把感情當成事業來經營，那就真的很傷感情了。

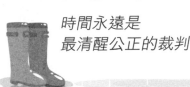

只不過很多男生會誤把職場裡商場上的人脈關係當成真友情，當有利益的時候當然是稱兄道弟，但當共同利益消失的時候就會發現，要見上一面都是多此一舉了，到那時才恍然發現自己連一個知心好友都沒有！

至於愛情的話那就更是緣分裡的奇蹟，在漫長的人生中、茫茫人

人生不是非得令人稱羨才叫幸福

海裡，能夠在對的時間遇見彼此，還要能夠彼此剛好喜歡對方，如果這不能算是奇蹟，那什麼才是奇蹟呢？

只不過，處在愛戀中的男女總是希望此刻的炙熱能夠永遠持續，但卻無奈總是隨著時間慢慢降溫，你們可以替快要冷掉的感情加溫，但卻不可能強求永遠保鮮在相識時的悸動裡。很多時候你會發現，騰出了空間之後反而可以看得更清楚，水到渠成的感情才會是最真摯的！

曾經看過一篇文章談的是，一對夫妻因流產後急著要讓長輩抱孫子，因此必須遵照醫生指示在最容易受孕的時間趕著做愛，日曆上畫滿了大大小小的註記，時間到了就必須趕快上床完事……正因為太過刻意強求，原本兩情相悅的交歡，成了一種很有壓力的折磨，甚至因此造成夫妻關係降到了冰點，刻意強求的結果，使原本過程裡的快樂與享受都變得趣味盡失。

也許，最好的感情是，能夠隨意，卻又彼此在意。因為拼命加料

而失去原味的感情，會變得徒留軀殼而沒有溫度且看不見色彩，反而是順流而伴的相隨才最真，也才更可能走得長長久久！朋友們，您覺得呢？

05

相聚離開，都有時候，沒有什麼會永垂不朽

原來，相聚我們無法預料，離開也是！沒有什麼人、事、物是會永永遠遠的，而且不管願不願意，我們都必須接受人生的下半場就是一個不斷失去的過程。但也正因為如此，才讓我們更清楚該求的是什麼？

有時候，有時候，我會相信一切有盡頭，
相聚離開都有時候，
沒有什麼會永垂不朽，

Part3

時間永遠是最清醒公正的裁判

可是我有時候，寧願選擇留戀不放手，
等到風景都看透，
也許你會陪我看細水長流……

這首歌是多年前王菲所唱的「紅豆」，我非常喜歡歌詞的意境，還記得當年聽到的時候，還是年少輕狂的歲月，那時覺得歌詞寫得真好，但只是似懂非懂不見得能夠完全了解。

如今二十多年的歲月過去了，我也已經步入了中年，現在聽來就真切有著非常深刻的感受，很能理解箇中滋味，果然真正的生命甘味還是必須在歲月的調味下才能懂得！

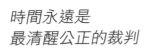

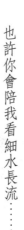

對於得到、關於相聚、對於幸福、面對掌聲，我們總是展開雙臂迎接，但相對於失去，總是迴避、忽視，企盼那些都不要發生，希冀不會發生在自己身上，可以永遠與我們無關。

四十歲之前，我們一直在求「得」，因為求得給了我們一個努力向前的動力，得的越多，我們越有成就感，因為從無到有，是一件很

人生不是非得令人稱羨才叫幸福

興奮的事！

大概在三十歲左右的時候，那是一個最高峰的時刻，週遭的紅色炸彈一直來一直來，朋友們一個個步上紅毯，互相在典禮上發誓彼此的愛，最常說的話就是：一定要幸福喔！

很可能，那時候我們以為幸福樣貌就是那樣，就像王子與公主過著快樂幸福的生活一樣，雖然知道那是一個童話，但卻樂在其中，非常希望這樣的美麗能夠一直持續下去。

然而，生命終究會有個契機點讓你意識到失去是什麼？身體出狀況了、親人離開了、平輩的朋友先走了、晚輩竟然過世了，這些殘酷無常的生離死別，讓我們體悟到原來失去是生命的常態，本來我們以為是理所當然的人事物，可能在某一個無法預料的瞬間就消失了，以為手裡緊緊掌握的，最後都會一個個失去！

對我來說，在臉書上意外看到小學同學過世的消息是讓我震驚的！記得小時候我們整天打打鬧鬧，一起去買玩具、看電影追偶像，

Part3

時間永遠是
最清醒公正的裁判

雖然高中之後他舉家移民成了小留學生，但我們仍舊寫信連絡，一直到了大學之後，我因為家裡發生了些變故不斷搬家，住址與電話換了很多次，後來就因此失聯斷了線。

一直到前幾年拜臉書之賜找到了彼此，我們透過訊息幾句幾句的聊著，但因為實在太久沒聯絡了，反而有種近鄉情怯的複雜心情，所以也沒有馬上相約見面，

就這麼在沒有負擔的情形下透過網路連絡著，至少知道他在世界的某個角落，至少我們活在同一片星空下，總覺得會在某個順其自然的情況下再見面！

怎麼也沒想到，某天早晨，當我邊吃早餐邊無意識滑著手機的時候，竟然在臉書上看到了他的訃文，一開始我以為是看錯了，怎麼會有人把這種事放在臉書上呢？或者會不會是他的長輩呢？但仔細點進去看才發現，真的，千真萬確，就是我的兒時玩伴……

我再也見不到他了，所有想說的話，想要一起回味的兒時記憶，

人生不是非得令人稱羨才叫幸福

再也不可能了！那時我才真正理解到，原來，相聚我們無法預料，離開也是！

沒有什麼人、事、物會永永遠遠的，而且不管願不願意，我們都必須接受人生的下半場就是一個不斷失去的過程，但也正因為如此，才讓我們更清楚該求的是什麼？

那些虛榮的、矯麗的、顛倒的，慢慢也看透看穿了，活得越來越真實，過得越來越簡單，要的不過是一份內心的踏實，以及平淡的此刻，如此而已！

06 是你選擇了命運，還是命運選擇了你？

對於時間帶來的，不管我們願不願意，都得接受；對於時候到了帶走的，不管捨不捨得，都得放下，就在這不能討價還價的賜予與收回裡變得漸漸釋懷了……

一個很有趣的問題是：

你覺得自己改變了命運，還是命運改變了你？

是你改變了環境，還是環境改變了你？

是我們改變了時間，還是時間改變了我們？

每到選舉的時候，改變這兩個字總變得非常炙手可熱：關鍵的選

擇、改變的開始；你的選擇，正是改變的起點……彷彿改變才是唯一的王道顯學。

的確，這一秒跟上一秒與下一秒都是不同的，也許乍看之下一成不變，但微妙的變化卻都蘊含其中！所以，人必須時時刻刻接受不斷變化的事實，但年紀越大，我們最害怕的也就是改變，因此我們會求一個穩定的工作，希望能有確定的福利，以及可以計算清楚的退休金與老年福利，一個屬於自己的房子，可以讓晚年安老的棲身之地。

因此每當選戰開打，安定與改變在不同時空中總是不斷拔河著。我常喜歡用政治來隱喻一些現象，因為它就是個人微小世界的放大版，所以把政治上的紛紛擾擾縮小之後，通常就是我們人生的縮影！

回到一開始的問題，究竟是「你選擇了命運，還是命運選擇了你？」，也許乍看下會覺得好像是在繞口令，但重點在於，到底是我們改變現實的成分比較多，還是向現實屈服的比例比較高呢？

我想，如果是三十五歲以上的朋友，百分之九十一定會說是向現

Part3

時間永遠是最清醒公正的裁判

實屈服的比較多。當然有人會覺得怎麼可以把人生看得這麼悲觀，尤其年輕的朋友們，一定認為命運應該掌握在自己手裡才對啊！

但在歲月的磨難裡，我的領悟是，時光，在我們很年輕的時候，在我們還不知道珍惜的時候，給予了我們很多東西，然後，我們開始不知不覺步入中年，原本每件時間賜與我們的，像是青春、健康、還有一直以為是理所當然的人、事、物，開始慢慢地一樣樣拿走……

終於我們意識到什麼叫做無能為力，什麼叫做事與願違，於是漸漸地恍然大悟，在時光的長河裡，我們能改變的原來如此有限，多半只是摸著石頭過河而已，唯一比較可能改變的只有自己！

這些年很流行的這四詞彙：面對它、接受它、處理它、放下它。原來人生就是一個不斷面對困難，然後被迫接受與放下的過程。也許，有些人可以很自信的說：我的人生走到今天，完全在自己的控制當中，想擁有的該擁有的，都在計畫的時間裡完成了。

也許，你覺得很悵然，覺得事情不該是這樣的，我這輩子就這樣了嗎？但不管如何，我們在試圖努力地想改變與被改變的拔河過程裡，在追求完美與被迫承認沒有完美的拉扯中，心漸漸變得不一樣了，變柔軟了，變堅韌了，也變的更圓融了！

所以，只要開始接受就會是變好的開始，這並不是外在的處境變好了，而是我們的心境調整了。對於時間帶來的，我們不管願不願意，都得接受；對於時候到了帶走的，不管捨不捨得，也都得放下，就在這不能討價還價的賜與與收回裡變得慢慢釋懷了。

當然，一定有人會覺得狐疑，既然努力是敵不過命運的，那麼為什麼不乾脆直接放棄不就好了，又何必撞得頭破血流再來低頭呢？

但若是不曾全心努力，你的心中就必然留下一道遺憾的縫隙，並活在抱怨悔恨的循環當中。唯有真正打過、拼過那美好一仗，這樣才可能發自內心的臣服與接受，並在奮鬥的過程燃起屬於自己的希望之光！

Part3

時間永遠是
最清醒公正的裁判

07 塵封在畢業紀念冊裡的你，一切都好嗎？

對於那些難過痛楚的過往，我們當然不可能像電腦那樣按下 delete 就刪除遺忘，而且就算那些再怎麼不堪，卻因此成就了現在的你，沒有那些，你怎能可能像此刻這麼堅強？

朋友們，您學生時代的畢業紀念冊還留著嗎？是不是有幾本已經不知道丟到哪去了，只留下比較近期的，還是反過來，近期的都丟了，反而是留著小學或幼稚園的，雖然年代有點久遠，記憶有點模糊，但卻是無邪純潔的回憶呢？

人生不是非得令人稱羨才叫幸福

這些年因為數位照相實在太方便了，很多人乾脆把整本畢業紀念冊掃描然後放在網路上，或是在臉書、Line 上面開個群組，就算遺失了只要上網還是能夠瀏覽得到！

我覺得畢業紀念冊真是個很有趣的時光機器，它是你曾經年輕的具體證明，更記錄了你一路走來所留下的過往足跡。我們一直變老，但紀念冊裡的我們彷彿被按下了時間暫停鍵般，永遠停留在那個不老的時空裡！

只不過，現實裡的時間一直來一直來無法停歇，而且人們常說：「要往前看，不該總是眷戀過往！」於是這幾年我經常在想，對於紀錄往事的畢業紀念冊，我們應該沒事就拿來翻嗎？時常讓自己陷在回憶的漩渦裡，這樣好嗎？

先前提到，我經歷了多次的搬家，而每次在搬家前最讓我掙扎的，就是一本本厚重的畢業紀念冊到底是該留還是該丟，總是左右為難！在頭幾次搬家前整理打包的時候，當整理到畢業紀念冊的時候，就不

由自主地把它翻開來看一下，但也因為這個不經意但人之常情的舉動，竟不能自己地被吸進時光隧道的黑洞裡，不知不覺就耽擱了好多時間，甚至當晚還失了眠！

於是我意識到，回憶就像是一場不能計畫的時空旅行，平常沒有碰觸到就可以相安無事好好過著此刻的生活，但一旦碰觸，它就像漩渦一樣用力把你往裡頭吸，當被捲陷其中的時候，就只能奮力向上掙脫，然後逃離……

有些畢業紀念冊實在是太厚重了，像我國中畢業那屆總共有三十個班，每個班占五頁的篇幅就有一百五十頁那麼多，但是其他二十九個班根本認識的人寥寥無幾。而大學的更是把所有的科系全部放進去；高中的則是把日、夜間部全蒐羅在一本當中。

只不過第一次搬家時還是捨不得地把它們都打包，然後又堆在當時新家的某個角落。直到最近一次搬家前再次整理打包的時候，又從那個放置時空記憶的塵封角落裡挖出它們，而且是從上次搬家到這次

人生不是非得令人稱羨才叫幸福

搬家的十四年中間都完全沒動過！

但這幾年我悟出了斷、捨、離的重要，於是心底很清楚的知道，這次應該是不能再帶走它們了，而且更怕像上次那樣陷入回憶的黑洞裡，所以我像是啟動了安全保護程式，把成堆的紀念冊直接放進紙類回收箱裡。

只不過到了要丟出去的前一刻，還是不由自己地衝到了回收箱裡抽回了兩本，一本是國小的，因為它最薄並不大占空間，另一方面大概是因為，那是個最懵懂、最純真，還不知道升學壓力是什麼，也還不知道長大後的辛苦，而且印象依舊鮮明，最想穿越回去的時光吧！

另一本，則是國中時類似筆記本給同學寫下道別話語的那種紀念冊，現在看起來雖然有點像是童稚時期胡言亂語的天真文字，但那些筆跡我覺得彌足珍貴，彷彿時間沒有帶走任何的天真……我想這就是人腦比電腦獨特且珍貴的地方，因為不管電腦再怎麼樣的發展人工智慧，但它的運算邏輯是固定的，數位化的檔案所佔空間永遠是相同的，

Part3

時間永遠是最清醒公正的裁判

幾Ｍ就是幾Ｍ，要嘛就是留著，要嘛就是刪除，留下與刪除之間完全沒有灰色地帶。

但我們人腦的記憶就不必陷入這種零合遊戲，就像某些難過痛楚的記憶，我們可以選擇性的記憶與遺忘，放大想記住的部份，而縮小了不是那麼想憶起的部份。對於那些難過痛楚的過往，當然不可能刪除遺忘，因為就算它再怎麼不堪，但卻因此成就了現在的你，沒有那些，你怎能可能像此刻這麼堅強呢？

我們可以把那些痛的記憶塵封在心底的某個角落，藏得很好、藏的很深，甚至有時會藏到以為自己忘記了，但卻因為某個無法預料的觸動，也許是某種氣氛、某種氣味、某個季節、某段文字、某種溫度、某個顏色、某首情歌……於是，所有的深藏就全部回來了！

幸好，我們擁有時間這個神奇的調味劑，任何記憶都會在它的揉合下變成甜美，就像畢業紀念冊裡的我們一樣……

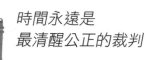

08 自欺欺人的人生是最悲哀的

生活中我們難免對別人說謊，但唯一不能說的謊言是：欺騙自己！因為自欺欺人的生活是很辛苦的，一顆總是自己掣肘自己的心是不可能會快樂的！

當我們不再是孩子了以後，會發現做人有時真的好難，所以有時候逼不得已得對人說謊，善意的謊言、痛苦的謊言、美麗的謊言、不打草稿很瞎的謊言，但不管是哪一種，能夠不說謊當然是最好的，因為一個謊必須用好幾個謊去圓這是千古不變的道理，而且只會把自己弄得越來越累。

分享一個我在做市場調查電話訪問的一個有趣觀察，在隨機的執

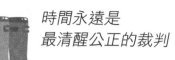

行個案裡，如果是小孩子接到電話最有趣，一般來說，訪員的ＳＯＰ流程會跟小朋友說明是要做電話訪問，請家中有空願意受訪的大人來聽電話，而這個時候就是大人言教身教的最好時刻，而訪員在電話那頭通常會聽到三種應對方式：

第一種是大人會跟小孩說：跟他說媽媽在忙現在不方便！

第二種則是要小孩撒謊跟訪員說家裡現在沒有大人在！

第三種則是叫小孩直接掛掉電話！

朋友們，您覺得哪一種方式是比較好呢？也許是真的在忙，或是害怕是詐騙集團，又或是單純就是沒有意願受訪，其實這都沒關係也不需要勉強。只是很多時候，拒絕一個人、一件事，不見得一定得全盤說實話，講點善意的謊言其實無傷大雅，而且正好可以藉由這樣的機會讓孩子慢慢懂得，什麼是誠實？什麼是說謊？善意的謊言該怎麼說？而什麼謊言又是絕對不能說的最好機會！

也許，生活中我們難免說謊，但唯一不能說的謊就是自己騙自己！

人生不是非得令人稱羨才叫幸福

因為欺騙自己是一種最殘酷的枷鎖，就像掉到十八層地獄一樣。所以，如果想要擁有一顆自由無懼的心靈，那就非得要對自己誠實不可！

朋友們，我們一定要捫心自問，真的有對自己誠實嗎？有沒有陷入某個迷思而過著自欺欺人的生活？也許是陷在某種感情的泥沼裡無法自拔，很可能是因為太愛對方、太過依賴、太害怕失去了，或是太習慣依附在對方姣好條件下的優越感，所以明明知道早就貌合神離、同床異夢，但還是得幫對方找理由繼續欺瞞自己下去……

連續劇裡最常出現的橋段是，想提分手的那方已經箭在弦上就要說出口了，而要被分手的那方雖然早就心裡有數，但卻不斷拖延，於是拼命地轉移焦點或是摀住對方的嘴不讓對方說出口。但其實，兩個人的相處，很多事其實不必說出口，卻能清楚感覺得到。也就是心與心的距離雖然不見得看得見，但總是可以感覺得出來，只看自己願不願意誠實面對而已！

所以在尋常生活裡，我們更該問問自己有沒有嘴裡說的與實際上

做的，竟是完全背道而馳呢？就像有些政客，嘴裡喊著清廉改革，但實際上卻做著法律所不容的事。有些高人氣的兩性專家，口口聲聲說有錢的男人不可靠，要女人勇敢做自己，不該依附在男人的錢勢地位之下，但最後卻打臉自己嫁入豪門……又或是生活裡的某些錯誤其實我們自己也有責任，但卻放大了別人的部分而縮小了自己的，總想全盤推給別人……不過，你我都很清楚，自欺欺人的生活真的很辛苦，因為一顆總是自己掣肘自己的心是不可能會快樂的！

當然，我想每個人或多或少都有過如此矛盾悽苦的時刻，差別只在於時間長短與危害程度的不同而已，但有過這樣經驗的人一定都能認同，當終於有勇氣終結自我欺騙的時候，那一刻所擁有的絕對是最踏實的快樂，就像心中一塊大石頭落了地般的輕盈自在……

所以，唯有對自己絕對的誠實，這樣也才有更大的可能對別人真誠，那麼這樣的人生一定會比總是活在謊言的地獄裡要幸福快樂得多！

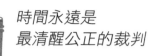

09 熄燈號的惆悵與微笑

好好的與必須結束的緣分說再見，也許是一個人、一段情、一個時代、一份記憶，不要哭泣，只要微笑，感謝曾經的擁有，以及結束之前帶給我們的點點滴滴。

伴隨著我長大的一家書店，在去年年底終於吹了熄燈號！因為網路書店的低價競爭，再加上這些年來閱讀人口的逐年減少，以及周邊商圈的萎縮與沒落，它的岌岌可危其實是在預料之中的。雖然隨著歲月而歷經了很多類似的花開花落，但是當真的看到它貼出熄燈號的消息，心中還是感到相當地悵惘與難過！

總覺得書店是個很奇特的地方，它所帶來的記憶會比一家餐廳、

超市，

或是服飾店、賣場要來得深刻許多，因為一本書所帶給我們的，除了文字上的知識之外，還有沁入我們心底的生命感受。

想想看，我們會在什麼樣的心情看什麼樣的書呢？也許在心情放鬆的時候，會去看看美食或是旅遊相關的書；如果是身體上出了些狀況的時候，就會找些與健康有關的書籍；如果是在婚姻或是戀愛裡出現了些許疑惑的時候，就會讀些家庭兩性方面的書籍；如果是職涯或是情緒盪到了谷底，那就會找些關於勵志療癒類的書來安撫自己受傷的心靈；如果就只是單純的想要打發時間的話，就可以挑些輕閱讀的繪本或小說。

因為網路與智慧型手機的普遍，其實大多數的資訊只要低頭滑滑都能夠找的到，但我覺得閱讀本身就是一個靜下心來的過程，如果心不靜就沒辦法讀下任何書籍。而上網只能瀏覽與搜尋資料而已，卻無法讓零碎的訊息內化成屬於自己的心靈智慧。而實體書店的書籍陳列與空間氛圍，更讓我們的整體閱讀的行為變得更加完整，這也是網路書店無法取代的！

想想看，當我們沉浸在寬闊如海的書香裡，那就像初春時沐浴在鳥語花香的氣息裡，也像漫步在充滿芬多精洗滌的森林小徑裡，擁有的是既舒緩且靜謐的溫柔沉澱。

而這家書店也非常有始有終的在最後一天營業時，舉辦了一個熄燈的儀式，邀請讀者們寫下想跟書店說的一段話，並由受邀演出的歌手朗讀、彈唱讀者們點播的歌，而這段話正是某位讀者在點歌單上所寫的：「雖然，我還是很不捨的不想和它說再見，但時候到了，就算不捨還是得揮手道別。感謝在城市裡的某個角落，你曾經默默的守候著期望在文字裡得到療癒的一顆顆深刻心靈。我想我會和很多人一起懷念這段歲月的，謝謝你！」

當然，市場法則與時代變遷總是現實殘酷的，它不可能為了懷舊裡的情感而停留，但我們可以做的是，好好的與必須結束的緣分說再

見，也許是一個人、一段情、一個時代、一份記憶，不要哭泣、只要微笑，感謝曾經的擁有，以及結束之前帶給我們的點點滴滴……所以，對於生命中的變化，有誰能不感到惆悵呢？尤其每當歲末年終之際，我們回首前塵，總是不斷會有些難以割捨的情感，某些生活裡習以為常的人、事、物，就在某個意料之外的時間點，就這麼的離我們而去！於是在反覆的歷經過緣起緣滅後，這段話總會帶給我無窮的力量：「不要因為結束而哭泣，而是該為結束前的曾經擁有而微笑！」

的確，結束總是令人傷感，但換個角度來想，它也代表著曾經擁有的豐盈，只是，任何的擁有都會是曾經，那就讓我們懷抱著曾經擁有的感恩，微笑的迎接每個新的起點吧！

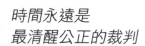

人生不是非得
令人稱羨
才叫幸福

PART 4

不強求，就是學會

放開那些人生裡無法掌握的事

01 唯有在盡頭面前，我們的心才能清醒起來

靠近過死亡，才能體會到沒有什麼比此時此刻更重要了，拼命想要操控未來而過份透支現在，必將徒勞無功！

如果明天是世界末日，你最想做的事是什麼？

如果你只能再活幾個月，你最想見的人有哪些？

有什麼一直沒說出口的話想對誰說？

這種類似遺願清單的自我反思這幾年來似乎相當流行，而它的前提都是假設你的生命會在某個近期的時間內終結的話，那麼你現在做事的優先順序會不會有所改變？眼前爭的你死我活的事，真有那麼重

Part4

不強求，就是學會放開那些人生裡無法掌握的事

要嗎？

當然也聽過有人說，假設歸假設，但正因為我們知道那是假設，並不是真的會在那麼短的時間內終結生命，所以當遺願清單的生命書寫練習結束後，我們還是沒辦法做到清單裡所寫的那些優先要做的事而先去做，尤其是在比較年輕的時候。

聊一個我朋友的真實故事，他的母親差不多四十多歲的時候罹患癌症過世，這件事一直在他心中留下很大的遺憾，而且他更不能諒解的是，父親竟在很快的時間裡就續弦再娶，這件事造成他與父親的關係變得相當疏離！

但巧的是，他竟也在與母親相同歲數的時候，也被診斷出罹患癌症，如此恐怖的巧合更讓他陷入能以平復的低潮當中！

萬幸的是，他目前病情控制的非常好，而且應該說是因禍得福，正因為罹患了癌症，才有勇氣從囚困自己生命的泥沼裡掙脫出來。

記得剛認識他的時候，總覺得他有著很大的經濟壓力，能夠賺錢

的時間幾乎都在工作，我一直以為他是因為要繳房貸或是家裡有背負什麼債務，但因為這是屬於比較隱私的部份，所以並不確定彼此間的友誼是不是到了可以開口問的程度，因此我抱著順其自然的態度，等他認為想說的時候自然就會說的。

巧就巧在，在他得知罹癌的前三個月，有一次他找我說想要聊聊，我能感覺那是心底有一股巨大心事想要吐露的氣氛，於是他才語重心長地說出自己困在一段一直不知道該怎麼理清的感情交易裡很多年，每個月竟然是以資助對方一筆並不算少的金錢來維持……

他父親知道了也非常不能認同，甚至清楚表達了反對的立場，但他認為父親在短短的時間裡就背叛了離世的母親，有什麼資格過問他的感情問題，於是親子關係再次陷入空前的冰點！

當時我也認為用金錢來維繫感情實在不妥不該繼續下去，但他說對方陷入經濟困境，等到經濟缺口緩解後就會與他有正式的結果。但三個月後，當他得知自己罹癌，對方竟然就斷了聯繫，甚至連一通關

心問候的電話都沒有。這讓他覺得非常心寒而墮入了感情被背叛與癌症治療的雙重煎熬中。

在當時，一方面我扮演傾聽者的角色，另一方面，我打從心底對於他能鼓起勇氣說出這麼隱私的事感到佩服！於是我也反省我自己，如果是我，會有勇氣向別人說出這樣的痛楚與矛盾嗎？

因為示弱，所以堅強。就在這段跌入地獄深淵的無常裡，反而讓他整個人清醒了起來。也許家家總是有本難念的經，但當遇到了艱難的處境，家人果真就會血濃於水的互相照顧，不為什麼，不必理由，只因為彼此都是一家人，而原本疏離的親子關係也幾近冰釋了！

經歷過生死交關，現在這位朋友，整個復原的情形非常好，在與他聊天的過程裡可以明顯感受到比以前要坦然豁達，因為不必再用金錢來維繫虛幻的感情，所以手頭寬裕多了。

他說，沒有什麼比此時此刻更重要了，生活就是，要在當下的這一刻讓自己感到踏實快樂，而且必須是打從心底，不是炫耀給別人看的，這樣的快樂才是最幸福的！

所以現在除了工作之外，他重拾了過去學生時期喜歡的音樂演奏而去參加了社區大學的鋼琴班，他說：也許音樂不能當飯吃，但音樂帶給自己的豐盈卻是實實在在。此外，他也養成了每天健走的習慣，並且盡量地減少外食，如果時間允許，還會到附近的賣場去買菜，然後親自烹調些簡單清淡的料理，當作是犒賞自己的一種生活情趣……

漸漸地，我從他身上明顯感覺到一股正面的氣場，整個人像是獲得重生一樣，比過去有陽光、有生氣、有質感。於是，我從他身上學習、反思自己，有沒有拼命想操控未來而過份透支現在呢？

原來，我們總想控制生命操縱未來，希望一切都能照著自己的希冀心想事成，但卻本末倒置地忽略了眼前就該珍惜的人、事、物！也許，只有在盡頭面前，我們的心才能清醒起來吧。

Part 4

不強求，就是學會放開那些人生裡無法掌握的事

02 世界末日的前一天

有什麼一直想做卻提不起勇氣還沒做的事？現在爭得你死我活的東西真有那麼大的意義嗎？我們有沒有忽略掉最重要的東西呢？

延續前一篇談的世界末日與生命盡頭的話題，您還記得二〇一二年的十二月二十一日嗎？為了迎接那一天的到來，在那之前的好長一段時間早就已經炒得沸沸揚揚了，因為那是馬雅預言世界末日的日子，也因此衍生出各式各樣的末日商機。

幸好，我的印象很深刻，那一天的臺灣是在風和日麗且溫暖的冬陽裡度過。

人生不是非得令人稱羨才叫幸福

在可能陰鬱嚴寒的十二月裡，那樣的天氣實在是好到令人難以置信，而台北的地標一〇一大樓還特別在外牆廣告打出「大家平安All is well」的字樣，似乎是在替大家祈福，也慶幸著世界末日沒有到來。

當然，末日的預言也不是第一次了，但每當有這樣的預言出現的時候，才讓人們有一絲絲的機會反省到現在的自己究竟在做什麼呢？

像是末日的時候最想跟誰過？有什麼一直說不出口的話？有什麼一直想做卻提不起勇氣還沒做的事？現在爭得你死我活的東西真有那麼大的意義嗎？我們是不是有忽略掉最重要的東西呢？

千真萬確的是，只有在盡頭的面前，人們才會暫時清醒起來吧！有一段警世的言論是這麼說的：「如果發生第三次世界大戰，以人類目前的科技來說，實在難以想像會用什麼可怕的核子武器來互相毀滅，但唯一可以清楚知道的是，當第四次世界大戰發生的時候，最主要的武器一定是石頭！」究竟所謂的末日預言，人類到底是被什麼毀滅的呢？災難電影裡總是給我們無限的想像，像是慧星撞地球、火山爆發、

暴雨、地震、海嘯、急凍、饑荒、戰爭、核子爆炸、外星人入侵等等。

當然，如果是像極端氣候、地震、隕石等這種超出我們能力範圍能夠防範的天災降臨的話，那麼渺小的人類也只能無語問蒼天！但弔詭的是，人類很聰明的發展了厲害的科技，可以登陸月球，甚至還可能移民外太空，但卻對自己造成的問題，像是溫室效應、全球暖化、資源浪費、貧富不均、饑荒、戰爭等等顯得束手無策且任由它惡化！

也許，要人類能夠靜下來的面對自己的貪婪，謙卑的反省自己內心的無知，會比研發什麼超級太空船或是無人隱形戰機要困難的多。唯一不變的是，就算人類以為自己多厲害，但只要沒有了地球，這麼厲害又有什麼用呢？我想，大家都希望世界末日永遠不會來，但不變的是我們永遠不知道明天與無常哪個會先到，唯一能做的，就是內省的循著心底的幽徑而去，清醒的用相對簡樸的態度來過生活，盡量惜福感恩眼前的一切。那麼，就算最後是無常與末日先到，我們也才能比較不那麼遺憾吧！

03

為什麼老天讓我中這種大獎呢？

注重養生並不保證一定長命百歲，吃了一堆健康食品也不見得就真的健康！而是抱持著順其自然的輕鬆心態對自己健康負責，能這樣，就夠了！

先前談到的，當我的朋友得知罹癌的時候，人之常情的時常陷入負面情緒中，就像小說或電影裡最常出現的台詞常是：

為什麼是我？

為什麼這麼殘酷的事要發生在我身上？

實在是太不公平了！

而我的朋友在治療的這段時間總是談到，到底是為什麼會跟母

親差不多歲數的時候發生呢？是不是我吃得太鹹，太喜歡吃速食？太喜歡喝含糖飲料？還是工作太勞累、時常熬夜？壓力太大？飲食不均衡……

這類像「一萬個為什麼」的問題不斷困擾著他，總是很自責地難以原諒自己，他還說在開刀後洗澡的時候，總會對著縫合後的傷口說：「對不起！對不起！因為我的疏忽沒有把你照顧好，希望你能原諒我啊……。」我聽了也是紅了眼眶。

於是我也在朋友治療的期間到書店去看了一些相關的書，然後買了幾本覺得適合現在閱讀的書送給他，希望能讓他心情稍稍平復。

其中有一本書的作者她本身也是個癌症患者，而且年紀非常輕只有三十多歲，她談到的心路歷程引起許多人的共鳴，在臉書上的粉絲數量相當可觀，很多是同為癌症病友，或是病友的家人與朋友，彼此一起互相的打氣加油。

作者談到自己一開始也是難以接受，不斷問自己為什麼三十多歲就中獎了？是自己做錯了什麼嗎？後來她漸漸在整個康復的過程裡體悟到，很多病理在醫學中只能用統計學的方法來歸納，也就是利用大數據來分析機率而已。但正因為人是太精密的個體，每個各體都存在著主體之外的獨特性，一般只能事後歸納出一些原因，如果完全不能歸納，那就會歸於基因突變，就像作者本身並非在高風險群內，但中獎就是中獎了，所以分析到最後通常只能說是無解。

而且現在雖然網路非常發達但反而造成了資訊過度氾濫，只要隨便google一下就有看不完的資訊，但大多都是片片斷斷的見樹不見林，或是挑某個很小的點大作文章，像是紅肉對身體不好、雞肉有抗生素、海鮮有重金屬汙染、青菜容易有農藥殘留、加工食品更是壞上加壞，這是大家都知道的常識，但看多了反而會像驚弓之鳥一樣沒有什麼好處。

還有更多是一些來路不明的轉載文章，是真是假根本無從查證，甚至是左手打右手般的自相矛盾，就像該怎麼運動才對，有人說每天

Part4

不強求，就是學會放開那些人生裡無法掌握的事

一萬步健康大進步，但卻有報導說每天一萬步保證讓你短命二十年。

有人說騎單車最好，但又有人說騎單車會傷到脊椎最容易有運動傷害。

有人說一日之際在於晨，所以早上運動最好，但又有人說，早上的空氣是最汙濁的，運動的話會損害心肺功能，還是晚上運動最好……

這些論點聽來聽去聽太多都快精神錯亂了，不知道到底哪一個是對的令人無所適從。所以她的心得是，太多的訊息反而是沮喪的根源，所以不如挑一、兩本有所本的書來閱讀，然後自己再做些功課，最後與醫生討論，歸納出大概的方向，找出最適合自己的方式。

重要的是你的心不要有太大的負擔，不然每個醫生，每一個網友都有他的方式，每種都試，每個都做，那豈不累死自己嗎？

其實任何食物都是適量就好，除非是明顯有害處的加工食物，像是香腸、熱狗、炸雞這類的垃圾食物別碰之外，其餘的就都吃一些，如果為了刻意避開某些食物而造成過多的心理負擔，甚至讓吃這件事

失去樂趣的話，那是得不償失的。因為我們必須認清，注重養生並不保證一定長命百歲，吃了一堆健康食品也不見得就真的健康！所以，重要的是保持相對樂觀的心境，因為未來的事、身體的事，只有天知道，我們能做的就是對自己的健康負責，然後順其自然，這樣就夠了！

Part 4

不強求，就是學會放開那些人生裡無法掌握的事

04 你想活到一百歲嗎？

究竟是該處心積慮的延緩老化，汲汲營營患得患失的想要長命百歲，還是該抱著順其自然不強求的心態呢？生命的長短是自然而然的，太過刻意反而徒增給自己不必要的壓力而已！

最近偶然間在廣播電台裡聽到一段專訪，談的是類似健康養生與保持年輕的話題，因為現代人越來越重視自己的健康，所以這類的話題近年來非常受歡迎，也是個非常好的現象。

特別來賓大談起他的養生經，像是每天運動啦、吃些養生餐，深海的魚類、有機蔬菜等等……而主持人也很羨慕的稱讚來賓看起來很

年輕，完全不像是一個快七十歲的長者，於是話題就進入了如何抗老化與外表打扮可以看起來更年輕的議題，到了結尾，特別來賓說，因為醫藥的發達、健康意識的抬頭、食安議題的受重視，他相信以後的人平均都可以活到一百歲才對！

對於平均年齡一百歲的這個推測，聽完之後我陷入了思索，我想也許在理論上是很有可能的，但年過四十的我更想探索的是，大家都活到一百歲的正面意義是什麼？

繼續先前談的話題，在朋友罹癌並治療的這段時間裡，以及意外的在臉書上看到兒時玩伴過世的消息，讓我感觸到的是，我們必須承認生命是非常脆弱的一個事實，因為他既精密且脆弱但卻又柔韌，所以對於讓我們存在於這個世上的身體，我們該用什麼樣的態度來維護呢？究竟是該處心積慮的延緩老化，朝著人人百歲的目標行去，還是該不強求的順其自然？

也許，對於病痛、對於老化，除了抗拒之外，我們更需要的是接

Part4

不強求，就是學會放開那些人生裡無法掌握的事

受與順服，因為這是面對生命的謙卑與尊敬，更是善待自己的溫柔約定！

生命的開始與結束終有時，看過太多的例子是，有著養生專家、運動健將、健康達人頭銜的知名人士，卻在想都想不到的盛年就驟然辭世，每每到看到這樣的消息總是讓人不勝唏噓。

於是我體悟到，健康與抗老是不能保證的，並不是每天運動早睡早起菸酒不沾吃有機食品就一定可以活到一百二，所以與其汲汲營營患得患失的想要長命百歲，還不如抱著順其自然不強求的心境反而比較自在，畢竟生命的長短是自然而然的，太過刻意反而徒增給自己不必要的壓力而已！

所以，我們能夠掌握的是，不該太過放縱透支自己的健康，也就是在能力範圍內的每個當下好好的呵護自己，多多注意飲食、作息、運動、休閒等等，這就是對自己健康負責的最自然態度！

當然，人過了中年，似乎每個人都會對「老」這個字變得非常敏

感，年輕的時候，被叫哥、姐總覺得自己是被尊重的，有輩分的。但過了三十五歲之後，心底其實是希望別人稱呼自己的時候不要加「哥、姐」，以免顯得太過「資深」！

如果有人說：看不出來耶，我還以為你才剛畢業。雖然不管這話是真還是假，很可能是對方的日行一善，就像早餐店的老闆不管見到誰都是美女帥哥的叫，但聽了總是能讓心情變好。

西方有句諺語對這個現象直白的說：「當有人恭維你看起來很年輕的時候，那就代表你已經變老了！」所以難以否認，中年之後，體力、視力、專注力、學習力、適應力……這些都必然下降，於是透過打扮、運動與養生來延緩老化，

或是刻意融入年輕人的話題，而有的人甚至刻意避免去提及自己那個年代的人事物，就像以我為例子，只要一講到小時候聽的是小虎隊、紅孩兒、王傑與七匹狼，看的是無敵鐵金剛、科學小飛俠、李麥克、馬蓋先與虎膽妙算這類的話題，總是眉飛色舞的有談不完的回憶，

Part4

不強求，就是學會放開那些人生裡無法掌握的事

但糟的是一下子就被猜到大概幾歲了！只不過，再怎麼努力的掩飾或證明，歲月在我們身上所留下的，是真真實實的痕跡，所以我覺得服老才是面對歲月不斷流逝的最健康心態，服老並不是放棄自己，而是認清了唯有接受了自己會不斷老去的事實，才更可能由內而外的孕生出一顆兼具智慧與圓融的青春心靈！

想想看，年輕的時候，我們擁有著最寶貴的青春，但卻很難清楚的意識到歲月的可貴，反倒是過了中年，體悟到歲月不饒人的殘酷後，才忽然間恍然大悟！

只是，每個人身心狀態的基礎與起始點都不同，並不是非得攻玉山、玩高空彈跳、抓寶可夢才是年輕，而是懂得在適合自己的能力範圍內去嘗試新的事物，不管是以前想做卻沒做的事，或是眼前在能力範圍內值得去挑戰的事就勇敢去做！

我們必須敞開自己的心來面對不斷更新的時代，試著用童心未的心來面對漸漸老去的自己，我想這就是天天年輕的幸福祕方吧！

05 敢示弱，才是強者

接受自己非常脆弱的事實之後，反而發現疲憊的心柔軟了許多，可以用更淡然的態度來接受，並順其自然地努力著。

不可否認，我們都希望把最好的一面表現出來，讓別人看見自己最棒最自信的部份，這就像盛裝參加一場華麗的宴會，精心打扮，注意談吐，舉止合宜，每個人都以淑女紳士的面貌優雅現身……

只不過，不管我們再怎麼賣力的演出，終究是會到了曲終人散燈光熄滅的時候，於是，我們還是得把這一切華麗的裝扮給褪下，總不能穿著高跟鞋洗澡，打著領帶睡覺吧！最終，我們還是得面對那個最赤裸的自己，毫無妝扮的、不那麼完美的、脆弱的、有缺陷的真實自

己，而那一面，又有誰會真正看到、知道呢？

在人與人之間的關係裡，我覺得很有趣的是，我們願意把自己最脆弱，最軟弱的一面，有缺陷的一面讓誰知道？先前篇章裡提到那位罹患癌症的朋友，我打從心底對於他能鼓起勇氣說出這麼隱私的事感到佩服，於是我也反省我自己，如果是我自己的話，會有勇氣向別人說出這樣的痛楚與矛盾嗎？

在生活中，我有沒有這樣的對象能夠把自己脆弱的地方攤開在對方面前嗎？能夠把受傷的傷口坦露出來嗎？時常無奈的是，我們內心最脆弱的部份，無法與每天工作的同事，甚至是住在同一個屋簷下的家人吐露，也許正是因為太接近、太缺乏距離，或是害怕造成負擔，反而只能故作堅強！

多年前在一本探討哲學的書裡讀到這段話：「示弱，是強者的美德，只有強者才有示弱的權力。」當時看起來真的不懂到底是什麼意思？既然是強者，又為什麼要示弱？只有弱者才會表現出懦弱的樣子

人生不是非得令人稱羨才叫幸福

不是嗎？後來終於在歲月裡慢慢的領悟到，原來強與弱並沒有所謂的絕對，而最常被拿來比喻的就是水了！一滴水看似非常眇小，而且可能一下子就被蒸發消失了！但若是積少成多集成烏雲變成大雨的話，那就是一股非常強大的力量。

古諺云：「人之生也柔弱，其死也堅強；萬物草木之生也柔弱，其死也枯槁」意思是，嬰兒呱呱落地出生的時候，雖然是最柔弱最需要保護的，但卻是最有生命力的時刻；小草也是如此，初生之時的嫩草柔軟無比，但枯萎時卻是僵硬的模樣。也就是說，看起來柔弱的，其實生命力最強，所以小草能夠突破堅硬的土石而萌芽出來。

宇宙裡沒有任何東西可能永遠堅強，更何況是血肉之軀的人呢？曾經看過一位心理諮商師所寫的文字，他描述自己在四十歲的時候，坐骨神經痛的病症找上了他，那是從脊椎腰椎到腿部的一整條神經不斷地抽痛著，彷彿人就要崩裂瓦解一般，那時候他才領悟到，原來人可以無痛的活著，就是最大的幸福。

Part4

不強求，就是學會放開那些人生裡無法掌握的事

那時所能做的，就是接納自己很痛的這個事實，萬一好不了，也只能慢慢接受與之共處了。但神奇的是，當在心底接受自己非常脆弱的事實之後，反而發現自己的心柔軟了許多，可以用更淡然的態度來接受治療，就順其自然地努力著，他說如果沒有這樣脆弱的時刻，就不可能發現真正的自己！

其實示弱是拉近人與人之間距離的重要橋梁，當一個人願意把自己脆弱的一面攤在面前告訴你的時候，那其實是比任何的剛強都還要勇敢，因為那代表了願意全然接受心底那個不完美的自己。

朋友們，也許我們都該真心的問自己，究竟有沒有向別人示弱的勇氣？

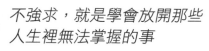

06

低調，是難能可貴的美德

你想知道一個人內心缺少什麼，不看別的，就看他炫耀什麼；你想知道一個人自卑什麼，不看別的，就看他嫉妒什麼。

炫耀似乎是人性的本能，我們常說小孩子是最無邪的，因為他們還不懂得掩飾與假裝，所以從孩子們的互動裡表現出來的正是人性最初始的本質。

假如你曾經觀察孩子們會發現，孩子也會彼此間不由自主的炫耀著，像是爸爸買給我什麼很棒的玩具，媽媽帶我去哪裡玩，誰誰誰送給我這個紀念品，你看我新買的日本水壺還有金剛便當盒……

在阿德勒心理學當中有提到，人要是不受注目，哪怕使惡，也要

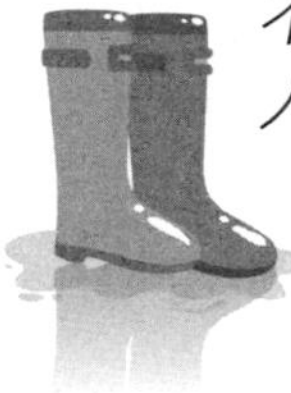

引起他人的注意……一但失敗，接下來就是暴露自己的無能了。他從小孩子渴求父母關愛分成四個階段，第一步希望引起注意，第二則是會誇示權力，若是沒有達到目的的話則會報復，最糟的第四步則是逃避。

也就是簡而言之，愛炫耀就是因為內心有著空缺，所以企圖想引起別人的注意，具體的社會現象就是，一些飆車族故意去改車，而且一定要故意把排氣管弄成可以製造巨大噪音的狀態，然後裝一些閃來閃去像霓虹般的七彩燈，表面看起來是既酷又炫，但其實目的就是為了吸引別人的目光，但是這樣的人內心卻是極端自卑的。

而另一個比較大眾化的例子就是臉書了，有則某電信公司的廣告文案強調自己的訊號涵蓋率最廣，於是打出了不管你是上山還是下海，在人煙罕至的山林裡露營、在海邊浮潛，或是去坐熱汽球，就算在司馬庫斯這種崇山峻嶺中都能夠輕鬆的po文打卡，讓你一定可以走到哪玩到哪，都讓別人羨慕到哪……

人生不是非得令人稱羨才叫幸福

記得臉書創辦人馬克、祖克柏在接受媒體專訪時曾談到，每個人都是希望被別人關注的，總是期待能夠成為世界的主角，被別人羨慕著、簇擁著，因此臉書的中心精神正是順著這層人性的需要而量身打造的虛擬平台。

只不過我們慢慢會發現，心靈越是不踏實的人就越是需要藉由引起別人的注意來肯定自己，但其實說穿了，臉書的世界裡每個人關注的只有自己，自己才是真正的主角，看似是po文與朋友們分享自己生活的點點滴滴，但重要的是想引起別人的注意！

而按讚的設計更是臉書的靈魂，因為讚是一種心理回饋的互動，讓人們感受到別人重視自己的存在感，於是很多人每天就活在po文等別人來按讚的重複裡，讚多了心情就好，讚少了就覺得沮喪，然後拼命地檢查是哪些朋友時常來按讚，哪些朋友好久沒按讚，常來按讚的朋友如果他有po文就趕快讚回去，藉此希望下次自己po文的時候能收到他的讚，有點像是精神上的互相鼓勵。

回到這篇想跟大家聊的主題是，想知道一個人內心缺少什麼，不看別的，就看他炫耀什麼；你想知道一個人自卑什麼，不看別的，就看他嫉妒什麼。

當我們慢慢學習內觀與自省後就會發現，不論是炫耀還是自卑，它的根本都是來自於比較，因為非常在乎比較後的輸贏，當贏的時候就會變得高調驕傲，當輸的時候當然就會感到自卑忌妒，然後不斷地重覆著阿德勒的渴求四階段，無法停歇的不安著……

所以，究竟該怎麼阻斷這個不安的輪迴呢？我想就應該要從保持低調開始做起，低調的觀察著自己、也觀察著別人，靜靜地感受著自己心底的喜悅與不安，因為當你高調對自卑與忌妒做反射的時候，就不容易看見真正的自己。

當然有人會說低調根本是假仙，但是，一但你高調就絕對看不見自己的匱乏與缺陷，還會連帶地牽引出別人的自卑忌妒，那麼無謂的是非與糾紛就會產生了，可以說是弊多於利！

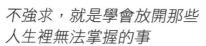

人生不是非得令人稱羨才叫幸福

所以，如果內心是踏實的，就不需要高調的炫耀自己！在這個資訊氾濫的網路時代裡，低調真的是難能可貴的美德。

07 同事之間與朋友之間

在完全沒有利害關係的情況下，原本有所顧忌的真心話才能說出口，而且因為曾經共事，聊天的話題也不至於太過膚淺，很多不足為外人道的心情也只有彼此能夠了解。

我想，很多人都會跟我有一樣的感概，只要脫離了學生時代，要交到一個真心的好朋友的確很不容易。為什麼呢？因為學生的時候，大家的起始點都是相同的，也就是所謂的同窗，年齡相同，所以會在差不多的時候遭遇到類似的生命關卡，像是升學、戀愛、就業等等。而且彼此屬於同一個世代，自然擁有著共同的經歷與回憶。

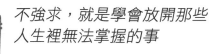

人生不是非得令人稱羨才叫幸福

但出了社會後，各種不同背景的人匯集到社會職場這個大熔爐當中，這與讀書時的學生身分有著本質上的不同，工作是因為事情而結合，大家是為了需要一份薪水而在同一間公司打拼，雖然大部分的公司為了聯絡情感，總有聚餐尾牙或是員工旅遊之類的活動，但所有人都應該心知肚明，那並不是為了交心而去參加，反而比較像是一種不得不的應酬，於是只好轉個念把它想成是吃一餐免費的飯，算是犒賞自己努力工作的額外報酬。

但我想很多人應該心底是這樣想的，如果可以選擇的話，還不如下班後到一間能夠放鬆的食堂吃頓不必說應酬話的飯，還比較自在呢！此外像是員工旅遊，如果不是因為公司出錢，不然連出去玩都擺脫不掉職務上的權利義務關係，還真的是一件很辛苦的事！

職場裡常有一個有趣的情形，就是當有人要離職的時候，似乎突然就會變得熱絡起來，原本大家小心翼翼的在井水不犯河水的狀態下，彼此努力完成一項項工作上的任務，除了工作的事之外大家相敬如冰

的相處著，但一聽說某人要離職了，就打從心底想著終於可以鬆了一大口氣……於是很多過去不知道該不該說的話，就在某人要離職前的時候說了出來，或是禮貌性的互加臉書或Line。

當然，大家都清楚那不過是一種場面性的動作，甚至知道加了等於沒加，因為往後不過是傳傳貼圖或是罐頭訊息罷了，而且太少互動的朋友，要在臉書裡看見對方貼文機率是低之又低，然後就會淹沒在臉海當中，又或是變成彼此只是讚來讚去的可有可無關係。而且，正因為是工作，就必然會有上司屬下，或是權力利益間的競爭利害關係，那麼就很難存在單純的情誼，所以為什麼說辦公室戀情很麻煩也是這個道理！

但有趣的就在這，事情總是一體兩面，所以有另一種可能是，如果本來兩個人的感情就不錯，但後來有一方先離職了，這樣的機會就要好好把握，因為這很可能是交到一個知心朋友的好機會。

畢竟在完全沒有利害關係的情況下，原本有所顧忌的真心話都能

說出口，而且因為曾經共事過，聊天的話題也不至於太過膚淺，很多不足為外人道的心情也只有彼此能夠了解。

可以試著主動聯繫並邀約，如果彼此夠有心、緣份夠深的話，在順其自然的情況，變成真心好朋友的機率還是很高的！畢竟，能在離開校園的時空下多交一位可以在人生路上彼此相伴的好朋友，實在是件非常美好的事呢！

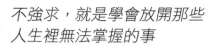

08

為什麼我們這麼渴望旅行呢？

人生極其有限，你所踏過的地方，再次回來的可能性微乎其微，所遇到的人事物，都是一期一會的獨特風景，絕對不可能再出現、再複製，再重來……

近幾年來旅行在臺灣變得相當蔚為風潮，網路上很多部落客都把自己的旅遊經歷分享出來，人氣高的甚至還集結成書成了暢銷書作家，而有些藝人則是開直播的實境秀，把自己帶著全家環遊世界的點點滴滴分享給網友們。

每當看到這樣的內容，總會幻想著要是自己也能夠去那麼遙遠的地方，看遍那麼美麗的景色，經歷那麼獨特的風土民情那該有多好。

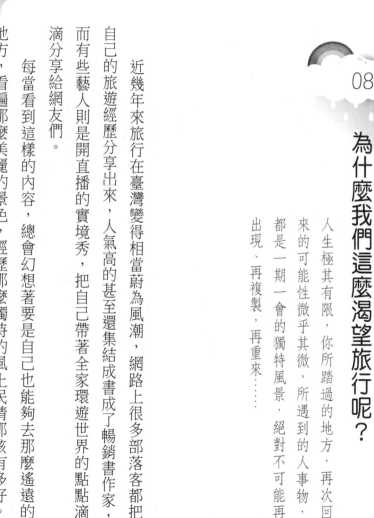

人生不是非得令人稱羨才叫幸福

甚至在旅遊書、網路上還衍伸出此生不去會後悔的五十個景點，像是黃土高原、西藏、印度、絲路、龐貝、托斯卡尼、吳哥窟、古印加帝國遺址等等，這些都是人氣很夯的。

只不過，當旅行被過度包裝的背後，我們其實更應該靜下心來思考，到底旅行的目的是什麼？

為什麼人要旅行呢？當然，旅行顧名思義就是出去玩，到比較遠的地方去郊遊。在以前交通工具不是那麼發達的時代，旅行叫做遠足，也就是走路去很遠地方的意思。

而另一個也時常被拿出來討論的問題就是，什麼年紀是旅行的最好時候呢？

年輕的時候，體力最好也比較有空閒的時間，但缺的就是金錢！但當步入了中年，已經比較有經濟基礎了，但可能多了成家之後的甜蜜負擔，或是被工作綑綁住，所以要來個說走就走的任性旅行其實不大容易！

到了老年，也許有錢有閒，但體力大不如前，對一些打亂生理時鐘的行程，像是紅眼航班或是早去晚回的安排也會變得比較難以適應。

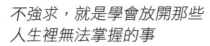

以我為例子來說，算不上擁有豐富的旅行經驗，年輕的時候因為家裡經濟上出了些問題，總想著要存夠一定數量的錢再出國旅行，覺得才出國幾天就要花掉那麼多錢實在浪費，或是對某些具備浪漫氣息的景點，心底想說一定要等到尋覓到心愛的另一半再來規劃成蜜月旅行，而某些地方要等到怎麼樣的情形之後再啟程，就這麼一直等啊等的不知不覺已經過了三十五歲……

但是心底總有一股聲音不斷敲擊著我，彷彿在說你這樣一直等一直等，究竟是要等到什麼時候呢?終於，在歲月不饒人的流逝裡我意識到了，不要再去等一定要在什麼情況下才能成行，因為再等下去，可能就已經老了!

我終於想通，總是瞻前顧後就永遠只會留在原地，所以我轉個念，衡量自己在不會造成太大的經濟負擔下，就出發吧……於是我先從門

人生不是非得令人稱羨才叫幸福

檻比較低的像是香港、澳門、上海、日本、韓國等鄰近國家開始，大部分都是以自助旅行的方式為主，希望能盡量以自己的步調來走走看看！

我在第一次出國後，曾經很認真地問自己，為什麼會這麼渴望去旅行？它究竟有什麼魔力？而自己又從幾次的旅行裡得到了什麼呢？

不可否認的，我承認有很大的原因是羨慕，因為週遭的朋友裡，很多人其實在很小的童年時期就幸運地踏遍了世界各地，行走過大半個地球，每每看著他們分享的照片以及嘴裡談的旅遊經，總讓我羨慕不已！

另一方面，我覺得想出去看看似乎是人類的本能吧，尤其我們生長的這片土地，四面被海洋包圍著，每當望著大海，總會好奇的想知道海的那頭是哪裡，如果可以的話，一定希望去看看世界的另一端究竟是什麼樣子吧！

然而，在幾次重質不重量的旅行經驗裡，我由衷地體會到，旅行

Part4

不強求，就是學會放開那些人生裡無法掌握的事

並不是越多越好，而是必須調整好心態去找出適合自己生活處境的旅遊方式。會羨慕那些總是可以環遊世界的達人是很正常的，但每個人的旅遊資本的立基點都不同，而且必須承認，旅遊是要有錢、有閒、有心情的。

所以，如果太遠的歐美不行，那就從鄰近的地方開始吧，如果鄰近的國家不行，那就國內旅遊也不錯，假如情況還是不允許，那就從自己居住的週遭開始，最重要的是打開自己的心扉，放下量與里程數的比較，放鬆地去感悟接觸到的一切人、事、物，暫時把自己拋開計畫丟向未知，換一條不曾走過的路，或是改變交通工具或是出走的時間。

旅行讓我體認到自己的渺小，感悟到原來人生非常有限，你所踏過的地方，再次回來的可能性微乎其微，所遇到的人事物，都是一期一會的獨特風景，

都是某個時空下某個地方的冰山一角，不可能再出現、再複製，

人生不是非得令人稱羨才叫幸福

再重來……於是我慢慢覺得，沒有什麼是非去不可的地方，更不是去過很多國家就比較有世界觀，反而是學會順著因緣與開闊的心胸去遭遇生命裡的一切，去生活、去工作、去快樂、去悲傷、去感恩……也許這樣的話，每個人都能成為自己生命中最勇敢的探險家，您說是嗎？

Part4

不強求，就是學會放開那些
人生裡無法掌握的事

09

我們週遭的一切，並不是理所當然的

把自己丟進荒野裡並不困難，只要專心前進就好了！難的卻是回到平凡日常裡還能繼續保有相同的衝勁，這才是生命中最大的挑戰！

延續前一篇談到的，我們究竟能在旅行中得到什麼呢？是上傳打卡照片的多寡？買多少紀念品回來？信用卡累積的飛行里程？而我自己體認到的是，雖然一起生活在同一個地球上，同一片星空下，但因地理位置與地形的差異、緯度的不同，還有種族膚色、政治上的國家界線，因此產生出各自迥異的語言與風土民情，甚至就連自然的氣候變化與春夏秋冬的輪替都有著很大的不同！

人生不是非得令人稱羨才叫幸福

也時常聽到有人會這麼說：怎麼這麼快，幾天的旅遊竟然就要結束了，實在是超不想回來的。當然，也會聽到一些時常旅遊的人說：「還是臺灣最好、還是回家最好。」

我想這兩種心情，雖然看似矛盾，但卻是非常有趣的心境轉折！因為旅行會如此迷人，正因為它像是一種暫時的出逃，抽離了原本一成不變的生活時鐘。因為在平時，幾點的時候，會在哪裡，做什麼事幾乎都是固定不變的，週而復始，雖然規律卻很乏味。

看過一個空姐在網路上po文談到自己的工作，她說很多人會很羨慕空姐這份工作，因為表面上看起來可以到處遊覽四處遊歷，但其實只是身體跟著飛機四處飛行，心情卻一直處於工作模式的狀態，所以就算是飛得很遠、地點很優、次數很多，可是時間久了之後，依舊會覺得彈性疲乏。

我想，旅遊的重點在於心情的切換與體悟的深淺。很喜歡知名旅遊作家謝哲青的這段話：「把自己丟進荒野裡是很容易的事，只要專

Part4

不強求，就是學會放開那些人生裡無法掌握的事

心前進就好了！但生命中最刺激的冒險，其實是在日復一日，枯燥殘酷的現實生活當中，還能繼續保有相同的衝勁。因為平淡的日常，才是生命中最大的挑戰！」

於是我有了一個狂想的逆向思考，那就是會不會有一種職業就叫做旅人，他的工作就是每天到不同的地方旅遊，必須要跑遍不同的地方才能支薪，那麼，旅人週休二日的時候還會想出去嗎？還是會覺得靜靜待在家裡是最好的休閒呢？而且如果時間拉長了，兩年、五年、十年……那他還會覺得四處旅行好棒、好酷，還是他會覺得可以停下腳步休憩才是最興奮最放鬆的事？或是，隨著年齡增長，他會不會覺得職業倦怠而想要換一份安全穩定的工作？

我想，要時時懷抱著一顆旅行的初心才是最重要的，因為在生活裡能夠旅行的時刻一定是特別且短暫，它讓我們暫時地走出一成不變的框框，發現到原來世界是這麼的大，並體認到自己的渺小，這樣心裡的世界反而會變得寬闊了起來，而且更加懂得珍惜生活週遭的一切。

像是身邊的陌生人聽能夠聽得懂你說的話，你可以看得懂路標、菜單、賣場裡產品的標示說明等，又或是身體不舒服的時候，診所的醫生或是藥房的藥劑師能知道你口裡說出來的病痛是什麼，這都是值得無比感恩，而且並非理所當然的事！

離開，正是為了回來！所以當我們回到熟悉尋常的生活時，記得一樣要對自己住的這個國家、這片土地、這座城市保持著好奇的赤子之心，這樣才不枉費，出逃所帶給我們的新生與能量。

Part4

不強求，就是學會放開那些人生裡無法掌握的事

10 整個城市，變成了可以一票玩到底的主題樂園

旅遊，就從平凡生活的地方為圓心；樂趣，就從自己的腳下開始蔓延吧！

自從大台北地區推出了公共運輸月票，每當休假的時候，拿著吃到飽的月票在城市的各個角落四處探險成了我最大的樂趣。

政策的原意是為了鼓勵大家使用大眾運輸，因此訂出了三十天內只要一二八〇元就可以不限次數搭乘捷運公車與 u bike 前三十分鐘免費。

剛推出的時候在政治上激起了不小的漣漪，有人說這是政策買票，也有人說這會讓捷運公司破產，債留子孫。但另一派說法是，在擁擠

的大城市本來就應該提高大眾運輸的使用率，不僅能降低塞車節省時間，還可以節能減炭，是環保愛地球的具體表現。而對像我這樣荷包緊緊的市井小民來說，最實質的好處當然是交通費的壓力減輕了。

先前我都是騎機車通勤，因為相較之下搭公車捷運還是比較貴，所以雖然路程很遠騎起來蠻累的，但在能省則省的大原則下也只好辛苦點了！終於，出現了這個意料之外的機會，可以不必顧慮車資在自己居住的城市四處的走跳。

記得看過一個旅遊節目，節目的背景是一張大地圖，每集特別來賓的任務就是隨便對著地圖的某個地點一指，指到哪裡就動身出發前往。另外，小說改編成電影的「海鷗食堂」也有類似的橋段，劇中的小綠因為在一成不變的生活裡陷入了低潮，所以想要出走來趟長途的旅行，於是就在地圖上隨手一指，恰巧就指到了芬蘭，並在赫爾辛基遇到了其他兩位也是來自於日本的女生，三個人就這麼一起在遙遠的國度經營起一家具備日本風味的食堂……

Part4

不強求，就是學會放開那些人生裡無法掌握的事

千里之行始於足下，不管是本地地圖還是世界地圖，最重要的起始點其實就在我們的腳下。我們不必捨近求遠，應該先問問在自己居住的地方，是不是還有很多地方根本就沒有去過？或是有想要舊地重遊的地方，卻一直只停留在想的階段？

也許，環遊世界是太難達到的夢想，只有少數幸運的人才可能達成，但至少我還可以遊遍大台北。整個城市，就像是一票玩到底的主題樂園。於是，每個禮拜我都會找個半天、一天的時間來進行我的探險之旅！

有時候，我會先計畫好要去哪裡，且大多是多年以前去過但還想再去走走的地方，像是貓空、碧潭、象山、三重大都會公園、烏來、淡水漁人碼頭、輔大、圓通寺、土城承天禪寺、微風運河……

有的時候會像旅遊節目那樣，攤開地圖隨機選選看要去哪就去哪，有時就完全漫無目的的看哪一路公車先來就坐上去，看著街景從繁華的市中心慢慢地挺進城市的邊緣，瀏覽著窗外景物的變化，然後憑直

覺地坐到想下車的地方再下來隨機探險，像是汐止社后、南港研究院路的舊莊、泰山的繡球花步道、林口的竹林寺、八里十三行博物館、三峽白雞山、三芝淺水灣……就四處亂逛一下，然後到附近的雜貨店買些零嘴飲料，或是隨便找一家小吃店吃碗麵或是切點滷菜，逛累了就再隨便搭一路公車返回市區。

誰說一定得去義大利、芬蘭、美國、阿根廷、西藏、紐西蘭等等這種遙遠的國度才算旅行，像這樣的輕旅行模式真的別有一番風味，而且經濟實惠。只要你帶著旅遊的心情，何處不能是景點呢？

旅遊，就從平凡生活的地方為圓心；樂趣，就從自己的腳下開始蔓延吧！

PART 5

是你的就是你的，
不是你的再怎麼強求只是折磨而已

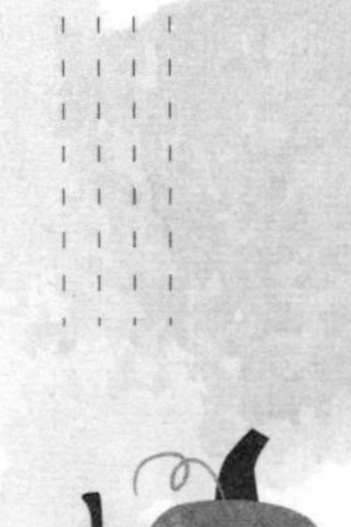

01

你的命有被算準嗎？

會來的就是會來，會走的不必強留，拼命算，拼命改，反而會讓此刻變得心煩意亂……

朋友們，您算命過嗎？是在什麼樣的情況下去想到要去算的呢？後來準嗎？對你的人生有什麼正面幫助嗎？

我想，不管是正式還是非正式的統計，女生要比男生喜歡算命是千真萬確。

只不過，會想要去找算命師算命，或是求神問卜的心情應該都是一樣的：遭遇挫折的時候、面臨重大抉擇的時候、陷在困境中無語問蒼天的時候……每當這樣徬徨未知的時候出現，我們總想知道自己的

Part5

是你的就是你的，不是你的再怎麼強求只是折磨而已

人生十字路口該朝何處去？但是，算命師從來不會斬釘截鐵的說出答案，一般都是模棱兩可的說法，這樣可以，那樣也行，有說跟沒說好像差不了多少，但也許巧妙的說中了一、兩件心底的疑惑，你就會覺得真是玄到不行而深信不疑！但我時常在想，究竟算命師到底算出了多少，他真的能看到別人的未來嗎？如果真能看得清楚，又為什麼不明明白白的說出來呢？

我更疑惑的是，未來真的可以預知嗎？那為什麼很多名人或是眾所周知的重大災難，甚至是跌破專家眼鏡的大選或球賽，大部分聽到的都是事後諸葛的刻意附會，真正的有先見之明還真是少之又少！

當然，有一種說法是，未來會發生什麼是至高無上的天機，所以天機當然不可洩漏，如果洩漏了反而會招致更大的災難！那這樣的話，是不是代表著上蒼替未來預留了一個讓我們有思考迴旋的空間呢？

如果是三十五歲以上的朋友們，如果問你相不相信命運，我想大概一半以上的人會點頭如搗蒜，因為「命運是完全掌握在自己手中」

人生不是非得令人稱羨才叫幸福

這句話大概只有在無憂無慮的童年時期才會相信。隨著年紀漸長，我們變得越來越認命，慢慢不得不承認自己的能力真的有限，於是很矛盾的既相信命運，但又希望能夠藉著自己的努力來改變些什麼？

只不過，我越來越確定的信念是，對於未來，早知道、先擔憂其實並不會帶來太多好處，但這並不是替不負責任，完全不作生涯規劃來找藉口，而是該做的一樣也不能少，該負的責任就得一肩扛下，更重要的是去體悟發生在此刻的一切究竟對自己有什麼啟示？

至於下一刻的無窮未來，拼命算，拼命改，反而會讓此刻變得心煩意亂。會來的就是會來，會走的不必強留，早知道、多負擔，擁有一個平靜踏實的當下，才是最真實的幸福！

Part5

是你的就是你的，
不是你的再怎麼強求只是折磨而已

02

也許，這就是最好的安排吧

對於很多事與願違，我們總是很激動的要一個理由卻無法如願，但卻在多年後的事過境遷裡，謎底就毫不費力的水落石出了。原來，一切都只是時機未到而已。

為什麼是我？
老天為什麼這樣對我？
這麼糟的事為什麼要發生在我的身上？
去他的什麼狗屁是最好安排？
這簡直莫名奇妙，是在開玩笑嗎？
在當下我們覺得是計畫好的事，充滿期待的憧憬，怎麼可以這樣？

人生不是非得令人稱羨才叫幸福

簡直是豈有此理！

感覺已經可以把心交給他的人，他卻……

以為會有結果的戀情竟無疾而終！

不曾懷疑而且非常信任的人，竟然……

眼看就要成功到手的機會，怎麼會這樣？

非常看好的人、事、物，但是卻……

朋友們，您是不是也曾經有這樣的心情呢？遭遇到預期之外的結果，特別是事與願違的事，總是這麼無情地就發生了，而我們總在當下想急著知道到底為什麼？但無奈想破頭就是百思不得其解，但也幸好，時間的洪流還是一直來一直來，在多年後不經意的某個時刻裡，一切就都水落石出，原本糾結到以為永遠解不開的結，竟就這麼迎刃而解了！

而且，通常那個答案根本也沒什麼了不得的，只是當時卻難以自已的深困在泥沼裡痛苦不已，原來一切都只不過是時機未到而已！

Part5

是你的就是你的，不是你的再怎麼強求只是折磨而已

現在的我，每當這種事過境遷、浮出水面的時刻到來，總會循著記憶的軌跡，細細憑弔著隨風而逝的一切。原來，就是時間讓沉入水底的一切浮現。而且，當我們驀然回首，時常不得不承認，原來這樣是最好的安排。

這就像站在山腳下，或是正在爬山的過程中，我們不可能清楚看見山的樣子，唯有下了山離開了一段距離後，再回頭仰望或是俯視，山的樣貌才可能真正浮現，所謂的橫看成嶺側成峰，遠近高低各不同，不識廬山真面目，此緣身在此山中，也許正是這個意境吧！

這樣的心境蛻變，我也是在年過四十之後才慢慢懂得！現在當我又面對到難以接受的疑惑與困境時，會試著先讓自己儘可能冷靜下來，練習不急著去強求所謂的真相或答案，並堅定告訴自己，就順著時間的洪流往下走吧，因為沒有過不去的事，只有過不去的心情，只要我們願意讓心情隨著時光而流，相信在歷盡千帆後，還能笑著說出那曾經以為過不去的坎……

曾經看過一個案例是，一個女生覺得自己就要談一場很棒的戀愛了，因為終於遇到感覺對了的男生，幾次的約會與交談總覺得萬分愉快，而且她基於女性的直覺，很確定對方百分之百是對自己有意思的，但卻進展到某個程度就卡住了，男方老是在應該更進一步的時候臨陣脫逃，總有種無法言說的怪異！

正當女生陷入困擾的猜疑時，在某天接到電話說那個男生過世了，死因是用藥過量。原來他一直有精神上憂鬱的問題，因為這種病症如果只是短暫的約會還能夠掩飾，但如果太長時間的相處可能就會露餡。

很可能，他是真心喜歡她但又覺得自己配不上她，怕認真交往後會替彼此帶來傷害，所以裹足不前不敢盡力追求，也許事後看來，這可能是個最好的安排。因為在比較年輕的時候，對很多事總是很激動的要一個理由，一定非得立刻找出個答案不可，但是，當時機還不成熟的時候，這樣的情緒只是苦了自己。

也許，時間看似無情，但很多事非得經過它的精煉汰選後才能浮現，所以，在得到與失去之間，如果加上了時間這個神奇的魔法之後，相信對很多事的看法會截然不同。

當然，我們一定會對生命裡某些失去耿耿於懷，遺憾地怨忿要是當時早知道就好了，但是正因為這樣的安排，我們才能更加明白此刻的自己該珍惜些什麼，並有了更豁達的心境與勇氣，坦然無懼的向前行去！

03 用不到的，就丟了吧

人生就是一個不斷的捨棄的過程，我們住的房子就像自己的靈魂一樣，不能總是堆滿過去的東西，如果沒有清理出新的空間，新的緣分與機會就不會進來。

經過了一次又一次的搬家，我最深刻的體悟是，人生中大大小小的有形物品，最後都是帶不走的。因為我的狀況是，房子是由原本大坪數的空間越搬越小，所以原本大空間裡的東西若是不做捨棄就必然變得相當擁擠。

其實在我小的時候，家裡是有一間自己的房子，而且還是在現在所謂的蛋黃地段，算是環境相當不錯的住宅區，無奈後來父親因經商

Part5

是你的就是你的，不是你的再怎麼強求只是折磨而已

問題發生財務危機，房子差點被法院查封，險些成了法拍屋。

還記得看到原本住的房子被貼上封條的那種驚駭感覺，而就在那件事之後，就開始了我們的搬家遊歷，並在陸續搬了幾次之後，也終於在某個落角處住了十多年！

雖然是承租而非自己的房子，但卻是陪伴自己從少年步入中年的地方，更是父母從經商失敗的中年邁入老年的一個窩，所以當再次需要搬家離開租了十多年的地方，心情上似乎更加百味雜陳。

我一直是個超級懷舊的念舊控，很可能是因為兒時住的房子還蠻大的，所以養成了凡是都要收藏的怪癖，像是准考證、畢業證書、獎狀等等，甚至是電影票、車票、遊樂園的票根、幼稚園或更小時候的玩具，遙控霹靂車與飛狼模型……

到了國中之後，我開始養成剪報的習慣，蒐集了一大堆重大新聞事件的報紙與雜誌。另外，像是讀過的參考書、課本、補習班的講義、考卷等等，我都捨不得丟。在第一次搬家的時候，我幾乎只是把那些

懷舊的收藏品裝到箱子裡，然後原封不動的把它們又搬到新的地方堆著而已，就這麼過了好幾年。一直到又要再次搬家的時候才驚覺，這些東西根本連開封都沒開過，但卻佔據了不少的空間！剛好在當時，我讀了山下英子在當時非常暢銷的著作「斷捨離」，書裡最精隨的概念就是就是：斷絕不需要的東西、捨棄多餘的廢物、脫離對物品的執著。

看完之後對我來可以算是當頭棒喝！的確，人生就是一個不斷的捨棄的過程，如果是兩、三年內沒有用到的東西，其實就是用不到的東西，留著只會讓的空間變得煩雜，甚至還會干擾到心裡的情緒！

如今回首這段來時路，我的體驗是，能不搬家當然最好，但如果不得不，那搬家就是讓你體悟「斷、捨、離」的最好機會，因為住的地方跟我們的靈魂一樣，不能總是堆滿過去的東西，如果沒有清理出新的空間，新的緣分與機會就不會進來，這就像我時常在內湖的碧山巖眺望松山機場的感覺一樣，鳥瞰著跑道的兩頭，當有飛機升起了，

離開了、衝向天際了，另一頭才可能再讓另一架飛機降落。有升有落，有去有回，如果一個機場只有降落而沒有起飛，那就會爆滿而造成停機坪上全是飛機而動彈不得。

如今，父母已經年邁的白髮蒼蒼了，我們搬到距離都市中心較遠的市郊，雖然距離市區較遠但相對的環境清幽且風光較好，雖然我們失去了自己的房子，且要再買一間屬於自己的房子已經相對困難，但至少學會了能夠漸漸地調整心態，懂得不再去強求一定要怎樣，可以用隨遇而安的心陪伴著父母老去，我想這樣的生活哲學要比住在大房子裡，卻執著於一大堆永遠用不著的象徵性紀念品要重要的多。

04 原來你並不孤單——天涯淪落人總是會成為最好的朋友

同為天涯淪落人，自然能夠無負擔說出心底的話，更能感覺到其實我並不孤單，天下還有人跟我一起並肩作戰的那種革命情感，自然能產生無窮的勇氣與力量。

什麼樣的人會成為真正的好朋友呢？而且我強調的是「真正」這兩個字，酒友、飯友、同事、點頭之交、網友通通不能算！

有一句話形容的很貼切：我們可是有「革命情感」的喔！

而什麼是革命情感呢？簡單來說就是有相同處境的人，曾經面臨相同的困難，遭遇共同的危險，一起度過難關解決問題，一同享受苦

盡甘來的果實，這應該就是所謂的革命情感吧！

另一句話雖然聽來帶點無奈，但卻是類似的意涵，那就是「同為天淪落人」！

但年紀越大我越來越深切感悟，在不同的人生階段，能與自己成為比較交心朋友的，大多是處境相同的人。尤其處於比較艱辛境遇的人，總是能比較有同理心彼此的遭遇！

很多強調競爭力的商業、企管方面的書籍會談到，人不應該都跟差不多的人在一起，因為這樣充其量只不過是相互取暖而已，也就是所謂的「同溫層」。如果一直處在同溫層當中是無法向上提升的，甚至可能會向下沉淪，所以要勇敢走出舒適圈，最好跟比自己厲害的人交朋友才會進步……

這個說法在理論上我是贊同的，因為跟比自己厲害的人交朋友可以激勵自己，並且可以把他當作一種人脈來經營，但也必須清楚知道那是不能交心的，很多心底真正的話不可能向這樣的人坦然說出來。

所以如果太過刻意，就會變成一種逞強，因為那距離真實的自己太遙遠了。心理學家阿德勒（Alfred Adler）有一段話形容得非常貼切：「逞強是自卑感的另一種展現，所以不要努力讓自己看起來很強，而是努力讓自己真的變得很強！」也就是，我們當然應該跟比我們強的人學習，這是能夠激勵自己向前、向上的進步動力，但千萬不要本末倒置地太過扭曲自己，硬是要裝成不是自己的另外一個人，那會很辛苦，而且別人其實都看得出來！

處境與自己相同的人難道就不值得變成好朋友嗎？我反而覺得更應該珍惜與自己處境相同的人。因為處境相同的人，才最有可能把自己內心裡最難過、最不堪、最不願觸及的部份坦然傾訴出來，而當我們有對象可以沒有保留地說出來時，心裡的壓力自然就放鬆了大部分，這樣的話就更有可能用更健康坦然的心去面對困境！

況且，類似處境的人，其實還是很有很多值得學習的地方，因為處境只是一時的，若我們只是用誰比較有錢、誰的權勢比較大，誰的

家境比較好來斷定一個人是不是比我們強的話，我想這樣很可能是一種「勢利眼」的心態！

我們不妨試著觀察看看，在相同處境的人當中，彼此面對的心態與方式是不是有很大的不同？有的人只會不斷消極抱怨，有的人則是擁有盡力卻不強求的豁達意志，有的人則是永不放棄地奮力衝出逆境……

以我自己來說，我的高中死黨當中，感情最要好的其中兩位，因為彼此間有比較相同的藝文品味，所以會一起去看些難懂沉悶的非主流電影，分享些好書與藝文資訊，或是一同去近郊登山放鬆心情，但後來因為他們都成家且生了孩子，就必然不可能像過去一樣有那麼多時間一起分享生活，一方面遇到的人生課題不同了，而且每次聚會也必然地是全家出動，所以很多過去能說的men's talk也就不能暢所欲言了。

而另一位老同學，雖然過去與他的友誼並沒有前兩位那麼好，

人生不是非得令人稱羨才叫幸福

共通的話題與磁場也沒有那麼類似，但現在的我們，都選擇了一條人跡比較少的道路。他非常喜歡畫水彩畫，而我則熱愛寫作，而且都單身沒有成家，所以現在的我們就自然而然變成了比較知心的天涯淪落人！我覺得這是非常正面的，因為都很篤定地要走自己的路，更在歷經了相似的生命選擇後而惺惺相惜，並彼此鼓勵支持著。

時常看到的案例是，在遭遇病痛的折磨時，人的身體與心靈很自然會變得脆弱，非常敏感且容易沮喪，因此若是能認識同病相憐的病友，自然能夠無負擔的說出真心話，更能感覺到其實我並不孤單，原來不只有自己這樣，天下還有人跟我一起並肩作戰的那種革命情感，進而產生與病魔對抗的勇氣與力量。

很可能，我們根本不必去求什麼很厲害的貴人，因為在這世上有個可以在他面前自在做自己的友伴，就是何等幸福的事！

Part5

是你的就是你的，
不是你的再怎麼強求只是折磨而已

05

勉強出來的感情是不會幸福的

唯獨緣份這件事是不需要努力也不能努力的，如果你太過努力，就會變成勉強，勉強出來的感情是不會幸福的！

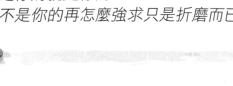

這世間唯一不需要刻意努力的，就是緣份！緣份就像順著地形由高而低流向大海的河水一樣，也像順風而飛的種子，也似隨風東西的浮雲那樣，就是順著大自然賜予的律動，不可能逆向而行。會遇見的就是會遇見，會結緣的就是會在適切的時間裡相遇在一起，所以真正屬於你的緣份，就是這麼自自然然的發生了，凡是需要過份刻意的，就不會是真正的原味！

時常看到有些報導是針對金婚、銀婚的夫妻，訪問他們有什麼相

處的獨到祕方，大部分千篇一律的說法都是要忍耐、要尊重、要包容、要睜一隻眼閉一隻眼！畢竟要跟另外一個人同床共枕那麼多年，沒有忍耐與尊重怎麼可能維持下去呢？

但另一個最主要的因素是，彼此真的要有比海還深的緣，才可能攜手相伴走那麼久，如果緣份不夠，再多的忍耐、尊重與經營也是枉然的！

所以經歷越多我越能理解，很多事我們必須努力的在人生的道路上拼搏，但唯獨緣份這件事是不需要努力也不能努力的，如果你太過努力，就會變成勉強，而勉強出來的感情不會幸福！

我們只能順著它給我們方向就好，但千萬不要想花很大的力氣去證明什麼？因為這世界上最沒有道理的就是愛情，也難怪「愛情有什麼道理」這句話時常被人們拿來掛在嘴邊。

因為如果問一對情侶為什麼在一起，大部分都會說：「就是感覺對了，看對眼了……」如果問為什麼分開了？最多的答案也是感覺沒

Part5

是你的就是你的，不是你的再怎麼強求只是折磨而已

了、不愛了……

至於為什麼沒了感覺、為什麼不愛了？那就真的是道世界上最難解的習題了，再怎麼去追問原因也是惘然！

記得幾年前影劇新聞裡鬧得沸沸揚揚的藝人，為了搶救瀕臨危機的婚姻，於是大動作的送房買車，外加到某某島上來個浪漫華麗的度假，雖然當下看似是表面的維持住了，但沒隔多久後卻還是在檯面下以離異收場。所以，如果有一方已經想離去了，心已經不在了，拼命地使勁挽回有用嗎？

時常，我們會看到聽到所謂的愛情博士或是婚姻專家可以把兩性關係分析的鞭辟入裡，但經歷過的人都能明白，紙上嘴上談兵的道理說來容易做來難，而且也不見得可以套在每個人身上。

當然，適度地去學習經營感情是絕對必要的，因為感情還是需要理性的沉澱才能走的長遠。只不過，最重要的基礎還是在於是不是有心。於是，在看過了更多的緣聚緣散就會更加清楚，唯有不強求的留

下空間，才可能知道彼此的緣分是不是夠深、夠長！

夠深的，就該珍惜每個當下；緣淺的，就放手讓彼此自由，並心存感激曾經的陪伴！唯有這樣的感情觀才能讓人生走得輕盈自在，您說是嗎？

06 好聚好散，也是一種美麗的良緣

能夠好聚，是上天給我們的恩賜；可以好散，則是對好聚的最美好紀念。

想要了解一個人的人品，就看他怎麼對待以前的情人，還有現在與他敵對的人！

「別這樣，我希望我們可以好聚好散……」在連續劇裡時常會看到這句對白，大部分都是劇情走到某一方想要分手，但另一方仍然苦苦糾纏的橋段……而在現實生活裡，能夠在茫茫人海裡與一個人相識而後相知，然後一同走過某段歲月，共同完成一些事，我想那是非常美好的，因為這代表著彼此有這樣的緣分，就算相隔千里、就算機率甚低，會遇見的人就是會遇見，所謂的有緣千里來相會正是如此！

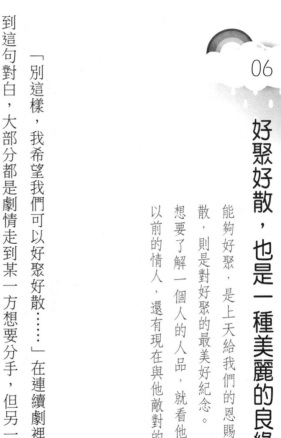

人生不是非得令人稱羨才叫幸福

只不過，再深的緣分都是有期限的，當時候到了就必然要放手讓他離去，再緊緊抓著，只會徒留更多的遺憾！

當然，這個道理說起來很容易，但真的遇到了要做到真的是難上加難。尤其在愛情裡，愛得太深、付出太多，要說再見就越不容易，再加上愛情的本質就是佔有，獨一無二的佔有，心靈上、身體上、物質上……正是因為關係太緊密、糾結太深了，想要好散又談何容易？

有一種最美的感情就是，分手後還能說對方的好話，可以替對方澄清某些流言是非：他真的不是你們講的這樣，只是我們的緣分不夠長，現在沒辦法在一起了……這是一種很美好的結束，雖然佔有彼此的緣份已盡，但卻能帶著這份回憶豐富著往後的人生。所以，可以這樣結束的緣分何嘗不是另一種形式的良緣呢？所謂的愛過就不怕孤單的意境大概就是這樣吧！

如果這樣真的太難，但至少要能夠做到不口出惡言，然後彼此不再打擾，靜靜退出對方的生活，讓所有的回憶停留在曾經的美好！

最可怕的就是分開後口出惡言，彼此放話甚至對簿公堂，彼此蒐集不利於對方的證據，盡可能地掀開對方的瘡疤、放大對方的過錯，這樣的折磨只會讓人徒增心痛！

有句話很有道理：「看一個人的人品，就看他怎麼對待以前的情人以及現在與他敵對的人！」因為，愛情的來去時常是由不得人的，要來的時候，擋也擋不住，更沒有什麼道理。但當要分開的時候，也許兩性專家可以歸納出一堆原因，但結論就是不愛了，也就是曾經的好聚必須劃下終點，不管我們願不願意！

於是，人生路走得越長我越能領悟，「好聚」其實是自然而然不大需要努力的，但「好散」這件事是有比較大的部分是可以操之在我們手中的。當緣份的時候到了，該散了，我們願不願意好好說再見呢？如果一個人能用厚道的態度與行為去對待舊愛的話，那麼我相信他一定是個寬厚善良的人！

也許，我們都該學習怎麼讓一段緣份好好地結束，讓這份記憶陪

著自己，

並衷心企盼，曾經交會但此刻已經無緣的曾經，彼此所留在心底的，不是遺憾，而是能夠咀嚼的美麗回憶。

Part5

是你的就是你的，不是你的再怎麼強求只是折磨而已

07 好走就好

不管這一生你擁有了多少的輝煌，但卻沒有任何一樣是你帶得走的，於是走到盡頭前才發現，人生只有這件事是真正想求的，那就是「好走就好」！

前面談到的算命這件事，如果我們是該努力的都努力過了，那就不得不承認，的確是有「命運的安排」這件事，因為很多事都是巧妙的機緣，在對的時間點，加上方向正確的努力，於是就如順水行舟般得到了不錯的成就！

我們必須承認，每個人命運裡的機會是不一樣的，有的人就真的是所謂的「命比較好」，總是在恰到好處的時間就遇到了很剛好的機

人生不是非得令人稱羨才叫幸福

緣，在該有考運的時候，就得到了很好的成績，擁有傲人的學歷；在該戀愛的年齡，就遇到了適合的對象，而且相愛就是一輩子；在應該衝刺事業的時候，就投入了很有發展性的產業或職務……

也就是，我們一生祈求很多的事，有的人心想事成的多，事與願違的少，有的人則是剛好三百六十度的相反，運途與機緣總是比較坎坷，但不管如何，人生都是朝著結束的方向行去，這是唯一不可能改變的事實，不管我們願不願意。

多年前我在一本談論有關生死學的書籍裡看到這段話：「我們一生中拼命去求得很多，但不管你得到多少，卻沒有任何一件事你帶得走的，於是走到最後只有一件事是真正想求的，那就是『好走就好』！」

我大概在三十出頭時，粗淺的知道了這四個字，但知道歸知道卻似懂非懂，而且覺得好像太消極了，而且因為是跟死亡有關，所以看過之後並不願意再多想，總覺得那是千里之遙的事情，不該浪費寶貴

的時間去思索。

而如今的我年過四十，卻對這句話起了很深的感觸！因為四十歲是個很奇妙的位置，回頭看距離青春真的已經有段距離，向前看距離盡頭其實也並不遙遠，並漸漸悟到了很多事根本強求不來，所以也對失去這件事變得更豁達了，但卻又對想望中還沒完成的事懷抱著一絲希望……

也許是經歷過的悲歡離合變多了，知道該來的還是一定會來，所以已經願意平心靜氣的來思考死亡這件事！

也許，在很年輕的時候，我們都曾經很狂妄的說過：「如果老的時候一身病痛，那我寧願死了還比較好。」或是有一種說法是：「生命的價值可貴在於精彩而不是長短。」但在越過生命的中點後我才驚覺，只有在死亡面前，每個人都是平等的，就算你家財萬貫，或是一生享盡榮華富貴，但卻沒有辦法選擇什麼時候死、怎麼死？

看過一部非常有感觸的歐洲電影「春日光景」，劇情談的是安樂

人生不是非得令人稱羨才叫幸福

死的議題。故事是一對關係緊張且疏離的母子，母親因罹癌而私下決定要前往瑞士執行安樂死，後來兒子知道後相當不能諒解母親，但在死亡的面前，原本因愛而產生的怨懟與傷害都變得不重要了，母子間彷彿回到了生命初始般的親密。

電影的最後是要執行安樂死的那天早上，母子間如常的吃了一頓溫馨的早餐，然後兒子開車載著母親前往瑞士（因目前歐洲只有瑞士安樂死合法），一路上風光明媚，完全沒有即將走向死亡的恐懼，反而是充滿著一股寧靜安詳的氛圍……

而在臺灣，知名體育主播傅達仁也因為長期被癌症折磨，最後選擇以最有尊嚴的方式到瑞士執行安樂死，並在離世前在臺灣努力推動安樂死的立法！我想，這肯定是一條艱辛漫長，但值得努力的方向，因為，能夠謙卑地面對生命，並可以決定自己的死亡，是一件很有尊嚴而且幸福的事。

Part5

是你的就是你的，不是你的再怎麼強求只是折磨而已

08 因為我們都在同一片星空下

世界上最寬廣的是海洋，比海洋更寬廣的是天空，比天空更寬廣的是人的胸懷！

住在城市裡的我們，在水泥叢林的層層阻攔下，在過度競爭的高度壓力下，

在太過擁擠的有限空間裡，在用心計較輸贏的人生舞台上，會不會覺得有點喘不過氣來呢？是不是時常感覺到，想要找扇可以凝望遠方的窗，似乎變成了一種奢侈的想望。但其實，只要我們願意，天空永遠是最平易近人的遠方！只要願意抬頭仰望，我們的心就能擁有最遼闊的暢然！

一首膾炙人口的英文歌 Somewhere Out There，歌詞如下：

Somewhere out there beneath the pale moonlight

淡淡月光下的某個地方

Someone's thinking of me and loving me tonight

有個人今晚正在想我、愛我

Somewhere out there someone's saying a prayer

有個人正在某個地方祈禱

That we'll find one another in that big somewhere out there

祈禱我們能在這個廣大的世界找到彼此

And even though I know how very far apart we are

儘管知道我們相隔著千山萬水

It helps to think we might be wishing on the same bright star

但只要想到我們正對著同一顆明星許願　便聊感寬慰

And when the night wind starts to sing a lonesome lullaby

當夜風開始唱起寂寞的搖籃曲

It helps to think we're sleeping underneath the same big sky

只要想到我們在同一片廣闊的天空下安睡　便聊感寬慰

Somewhere out there if love can see us through

在某個地方　若愛能幫我們渡過難關

Then we'll be together somewhere out there

那麼我們將在某個地方重聚

Out where dreams come true

美夢也將成真

Part5

是你的就是你的，不是你的再怎麼強求只是折磨而已

每每聽到這首經典歌曲，我就會想起雨果曾說：「世界上最寬廣的是海洋，比海洋更寬廣的是天空，比天空更寬廣的是人的胸懷！」一的確，世界上最寬最廣最無邊的，大概就是天空了。它沒有界限，不受任何阻礙的將整個地球串聯成一個完整的圓。

就算科技再怎麼先進，交通建設再怎麼發達，但生活在天空下的人類還是會被高山、河流與海洋給有形的區隔開來，也被地域、語言、膚色、宗教、貧富等無形的因素區分彼此。更被無常、歲月、驟變與失落給留下，並在強求擁有與被迫失去之間不斷地折磨著自己……但唯有天空能夠穿越這一切，因為我們都在同一片星空下！

當我們感嘆時間帶走了過去的擁有，改變了曾經的輝煌，在歷經滄桑、物換星移後，只有天空還是一樣永不改變，依然那樣開闊地俯視著我們歷經著一切。

曾經恨過的、愛過的，已經遺落的、不該重提的，不可能再相見

人生不是非得令人稱羨才叫幸福

的。這些盤根糾結的複雜情感，就讓我們透過抬頭的仰望，然後跟隨著它的引領，一同穿越悠長綿延的時空甬道，讓應該遺忘不該強求的一切隨風而逝吧！

所以，如果覺得心情打結，情緒堵塞的時候，最快的方法就是抬頭看看天空吧！因為只要能夠看見一點點的藍，心頭就會慢慢覺得舒暢許多，畢竟那是我們所能看見的最遙遠距離。

而天空也像我們起伏跌宕的人生，時而晴空萬里，時而陰霾沉鬱，但有時卻突然烏雲密布的就狂風暴雨了起來……但無論如何，沒有一種天空的狀態是會恆久的持續的，當時候到了，它自然就會再放晴，就會再灑下暖暖的陽光。

朋友們，有時候不必捨近求遠地去探求什麼高深的哲理，就是靜下心來仰望天空，這樣就好！

Part5

是你的就是你的，
不是你的再怎麼強求只是折磨而已

09

我們都只是上帝的棋子嗎？

就算拿到的劇本比別人還要曲折，情節上比別人還要悽苦，我們能做的就是不要喪志灰心且認真投入的演活它，因為很可能下一個意想不到轉折，就在不遠的前方展開了！

在歷經了很多的事與願違與挫敗之後，於是你不得不承認，原來人世間有很多事真的不是努力就可以。也許覺得已經盡了全力了，但是當天時、地利、人和的條件不站在我們這邊的時候，縱使再怎麼努力也是枉然的！於是你不禁嘆然，我們只不過是上帝的棋子而已，上帝早就寫好了劇本，要我們演什麼角色，什麼時候出場，什麼時候下台，我們似乎只能乖乖的配合，無從置喙。

有時候，高高興興的以為自己成為了萬眾矚目的巨星，可以就這麼的一直沉醉在如雷的掌聲與燦爛的光環裡，但怎麼也沒想到就在一晃眼的時刻裡，馬上就被新主角給後浪推前浪的淹沒了！所以只好逼不得已的下台一鞠躬，委屈的在戲棚下等待著下一次的出場……

於是，你感到有些灰心，怨嘆著就算再怎麼努力，其實也逃不出上帝的手掌心，而且既然劇本已經寫好，那我們用力的打拼到底有什麼意義呢？

的確，我們已經不可能像孩子的時候一樣的天真，還會相信「路是人走出來的」、「只要努力就一定會成功」這類的鬼話，但就算拿到的劇本比別人還要曲折，情節上別人還要悽苦，我們能做的就是不要喪志灰心認真投入的演活它！

因為既然逃也逃不掉，那就接受吧。而且，只要我們還在戲棚下，下一場戲、下一個角色、下一個橋段會是什麼，沒有人能預先知道，

Part5

是你的就是你的，不是你的再怎麼強求只是折磨而已

但也因為這樣而永遠充滿希望並值得期待！

朋友們，回首我們年少輕狂的時候，也許都曾經很霸氣的認為，命運當然是百分之百掌握在自己的手裡！但隨著一次次挫敗所帶來的啟蒙，我們不得不承認，冥冥之中的確是有一股力量牽引著命運的方向，就如古諺所說的：「命裡有時終須有，命裡無時莫強求」也正是這個道理。

也許有朋友會疑惑的問，如果命運的劇本早就鋪陳好了，那麼屬於我們的自由意志又有什麼用處呢？關於這個問題，我很喜歡的一個哲理是，很可能上帝已經先把每個人命運的劇本大綱先寫好了，但大綱底下每幕戲分場裡的細節、對白與橋段就要看我們下了多少功夫來扮演，並由此來決定下一個可能轉折的方向。

所以，不必怨嘆總是演配角、演B咖、演苦旦、演丑角，因為說不定演著演著，意想不到的新角色就會在不遠的前方等著你來詮釋呢！

TALENT Tool

大大的享受拓展視野的好選擇

大拓 Talent TooL

永續圖書線上購物網

www.foreverbooks.com.tw

謝謝您購買 人生不是非得令人稱羨才叫幸福 這本書！

即日起，詳細填寫本卡各欄，對折免貼郵票寄回，我們每月將抽出一百名回函讀者寄出精美禮物，並享有生日當月購書優惠！

想知道更多更即時的消息，歡迎加入"永續圖書粉絲團"

您也可以利用以下傳真或是掃描圖檔寄回本公司信箱，謝謝。

傳真電話：（02）8647-3660　　信箱：yungjiuh@ms45.hinet.net

☺ 姓名：＿＿＿＿＿　□男　□女　□單身　□已婚

☺ 生日：＿＿＿＿＿　□非會員　□已是會員

☺ E-Mail：＿＿＿＿＿　電話：（　）＿＿＿＿＿

☺ 地址：＿＿＿＿＿

☺ 學歷：□高中及以下　□專科或大學　□研究所以上　□其他＿＿＿＿＿

☺ 職業：□學生　□資訊　□製造　□行銷　□服務　□金融

□傳播　□公教　□軍警　□自由　□家管　□其他＿＿＿＿＿

☺ 您購買此書的原因：□書名　□作者　□內容　□封面　□其他＿＿＿＿＿

☺ 您購買此書地點：＿＿＿＿＿　金額：＿＿＿＿＿

☺ 建議改進：□內容　□封面　□版面設計　□其他＿＿＿＿＿

您的建議：＿＿＿＿＿

廣告回信
基隆郵局登記證
基隆廣字第57號

新北市汐止區大同路三段一九四號九樓之一

大拓文化事業有限公司收

請沿此虛線對折免貼郵票，以膠帶黏貼後寄回，謝謝！

想知道大拓文化的文字有何種魔力嗎？

■ 請至鄰近各大書店洽詢選購。

■ 永續圖書網，24小時訂購服務
www. foreverbooks. com. tw
免費加入會員，享有優惠折扣

■ 郵政劃撥訂購：
服務專線：(02)8647-3663
郵政劃撥帳號：18669219